Die Sachenmiethe

des

Preußischen allgemeinen Landrechts

und

der dasselbe ergänzenden gesetzlichen Bestimmungen

unter besonderer Berücksichtigung der Wohnungsmiethe

mit Benutzung der Entscheidungen des Königl. Ober-Tribunals

systematisch dargestellt

von

Abert,
Kreisrichter in Cosel.

Dem Ersten Präsidenten

des

Königl. Appellations-Gerichts zu Ratibor,

Ritter hoher Orden

Herrn Holzapfel

ehrfurchtsvoll gewidmet.

Vorwort.

Das Rechts-Institut der Sachenmiethe ist bisher juristisch wissenschaftlich stets nur in Verbindung mit dem der Pacht behandelt worden.

Seine Eigenart und sein besonderer eigenthümlicher Inhalt hat daher, wie ich behaupten zu dürfen glaube, weniger hervortreten und zur klaren Anschauung gebracht werden können, als es in einem getrennten Bilde möglich gewesen wäre.

Diesen Vorzug zu erreichen und die bezeichnete Rechtsmaterie, welche tief in das bürgerliche Leben eingreift und in dem Rechts-Verkehr so häufig, ja tagtäglich zu wiederholten Malen zur Anwendung gelangt, lediglich in ihrer eigenen Sphäre wissenschaftlich zu durchforschen, praktisch zu beleuchten und somit als abgeschlossenes Ganzes zu schildern, ist Zweck dieser Schrift.

Möchte die Letztere sich einer gütigen Nachsicht und einiges Beifalls erfreuen!

Möchte sie einigermaßen der Zierde würdig befunden werden, welche ihr durch hochgeneigte Annahme der Widmung zu Theil geworden und zum Gedeihen der Wissenschaft des vaterländischen Rechts beitragen, an deren Pflege mir leider wegen umfassender Berufsgeschäfte nur ein geringer Antheil vergönnt ist!

Das beigefügte Sachregister wird die Auffsuchung der einzelnen Bestimmungen erleichtern helfen.

Cosel (Oberschlesien), im Monat Mai 1870.

Uebersicht des Inhalts.

Seite

Erster Abschnitt.
Begriff und allgemeine Grundsätze 1

Zweiter Abschnitt.
Erfordernisse und Bedingungen der Entstehung 4

Dritter Abschnitt.
Abschluß und Form:
a) bei der Eingehung 7
b) bei der Verlängerung 9

Vierter Abschnitt.
Wirkungen des Miethsvertrages:
a) Verbindlichkeiten des Vermiethers 11
b) Verbindlichkeiten des Miethers 19

Fünfter Abschnitt.
Endigung des Rechtsverhältnisses:
a) mit Ablauf der Zeit oder Erreichung des Zweckes 24
b) nach vorangegangener Aufkündigung bei nicht bestimmter Dauer 26
c) durch Rücktritt ohne Kündigung resp. Kündigung innerhalb der Vertragszeit 28

Sechster Abschnitt.
Sicherungsmittel der beiden Contrahenten 37

Siebenter Abschnitt.
Materielle Klagerechte:
a) des Vermiethers 41
b) des Miethers 44

Die Sachenmiethe
des preußischen allgemeinen Landrechts.

Erster Abschnitt.
Begriff und allgemeine Grundsätze.

Gegenüber dem vollständigen Nutzungsrecht,[1]) das nach Aufhebung der Erbpacht gegenwärtig nur noch in einem Institut in die äußere Erscheinung tritt, — dem Nießbrauch nämlich, welcher sich auf alle ungewöhnlichen Nutzungen und An- und Zuwüchse erstreckt, sowie die Veräußerung der Ausübung des Rechts ermöglicht,[2]) kennt das preußische allgemeine Landrecht als eingeschränktes Nutzungsrecht neben Leihe und Pacht — die Miethe.[3])

Sie ist ein vertragliches Verhältniß, wobei der Eine (der Vermiether, locator) den Gebrauch einer Sache im engeren Sinne[4]) einem Andern (dem Miether, conductor) auf Zeit für einen in Geld bestimmten Preis (Miethgeld, Miethzins, merces) überläßt.

Von diesem Verhältniß, der Sachenmiethe,[5]) soll hier nur die Rede sein.

Es bestehet, in hohem Grade auf persönlichem Vertrauen beruhend,[6])

---

[1]) Thl. I. Tit. 21 Abschn. I. und II.

[2]) Koch's Privat-Recht I., S. 557 § 321 am Ende.

[3]) Thl. I. Tit. 21 Abschn. III.

[4]) Thl. I. Tit. 2 § 3.

[5]) Thl. I. Tit. 21 §§ 258 ff.

[6]) Suarez's Ansicht in seiner revisio monitorum, mitgetheilt in Bornemann's systematischer Darstellung des preußischen Civilrechts, 2. Auflage Bd. 4, S. 474.

im Wesentlichen in einer zeitweisen Veräußerung des Gebrauchsrechts einer Sache, sei es, daß die Dauer in sich durch eine gewisse Anzahl von Jahren, Monaten und Tagen, oder mit Beziehung auf ein gewisses eintretendes Ereigniß, wie die Lebenszeit eines Betheiligten eingeschränkt worden.[7])

Es unterscheidet sich von der Leihe durch die Entgeltlichkeit und von der Pacht dadurch, daß bei dieser auch die Nutzung d. h.[8]) der Genuß der natürlichen und civilen Früchte, welche aus oder von einer Sache resp. aus einem nutzbaren oder fruchttragenden Recht wie z. B. der Fährgerechtigkeit dem Jagdrecht und Straßenzollrecht gezogen werden können, überlassen wird.[9])

In dieser Beziehung ist der Zweck der Ueberlassung, nicht die Natur des Gegenstandes entscheidend und kann daher Miethe auch an einer fruchtbringenden Sache, Pacht aber nur an einer solchen stattfinden.[10])

Es liegt also Miethe, nicht Pacht vor, wenn Localitäten an Gebäuden und Gärten, die zum öffentlichen Vergnügen eingerichtet sind, zum Betriebe eines Restaurations-Geschäfts gegen einen bestimmten Zins überlassen werden.

Denn ein solcher Gegenstand gehört nicht zu den fruchttragenden Sachen. Es bringt weder natürliche, noch sogenannte civile Früchte. Ein Local der gedachten Art hat vielmehr seine Hauptbestimmung zum Bewohnen und zu einem Restaurationsgeschäft. Der Vortheil für den Miether liegt außer in der Wohnung in den Erträgnissen seines Gewerbebetriebes, welche nicht unter den Begriff der civilen Früchte des fraglichen Gewerbebetrieblocals fallen, vielmehr nur ein durch den Gebrauch desselben, sowie die persönliche Thätigkeit und Betriebsamkeit des Miethers entstandener Vortheil sind.[11])

Wie die Parteien das Geschäft im Vertrage genannt haben, ist gleichgiltig, da die Natur desselben von seinem materiellen Inhalt, nicht von der ihm von den Contrahenten beigelegten Bezeichnung abhängt.[12])

---

[7]) Es kann zwar der eine Theil auf das Recht der Kündigung verzichten, beide Theile dürfen dies jedoch nicht. Präj. des Ober-Trib. 2061 (Samml. I. S. 123), Striethorst's Archiv für Rechtsfälle Bd. 49 S. 208 und Entscheidungen des Ober-Trib. Bd. 51 S. 214.

[8]) Bornemann a. a. O. S. 453.

[9]) Für den Unterschied zwischen Miethe und Pacht enthält die römische Rechtssprache keine entsprechende Bezeichnung, für beide Institute hat sie die gemeinschaftliche Bezeichnung locatio — conductio (rerum).

[10]) Entscheid. des Ober-Trib. Bd. 31 S. 414 und Striethorst's Archiv Bd. 17 S. 179 Nr. 42.

[11]) Ibid.

[12]) § 151 Thl. I. Tit. 4.

Die vermiethete Sache bleibt Bestandtheil des Vermögens des Vermiethers; der Miether erlangt kein Recht auf die Substanz; er hat die Pflicht sie zurückzugeben.

Das Geschäft ist, wie schon die Römer erkannt, seiner Natur nach, mit dem Kauf verwandt und diesem innerlich ähnlich.[13])

Auch hier wird, wenn auch keine Sache, so doch deren zeitlich beschränkter Gebrauchswerth gekauft.

Gegenleistung für diesen Werth ist der Preis, von welchem die Grundsätze des Kaufgeldes gelten.[14])

Damit jener Werth durch das Brauchen der gemietheten Sache mittelbar hervorgebracht werden könne, muß deren Uebergabe an den Miether, bei Grundstücken Einweisung in dieselben zu dem verabredeten Zweck und zwar dergestalt erfolgen, daß der Miether die ausschließliche Disposition über die fragliche Sache erlangt, womit erst seinerseits die Besitzergreifung vollendet ist.

Gegenstand des Abkommens ist daher wie unmittelbar der Gebrauchswerth der Sache, so mittelbar stets auch die Sache selbst.

Als ein durch gewisse Zeit dauerndes Verhältniß erzeugt die Miethe einzelne bestimmte Forderungen, die, einmal entstanden, für sich auf gewöhnliche Weise bis zu ihrer Tilgung oder Verjährung fortbestehen, wenngleich jenes längst aufgelöst ist.

Aus dem Vertrage allein erlangt der Miether nur ein persönliches Recht zur Sache,[15]) das, gegen den Successor des Vermiethers unwirksam bei der Collision mit dem gleichen Recht eines Andern, wenn dieser gutgläubig d. h. ohne Kenntniß von jenem den Besitz eingeräumt erhalten, zurückstehen muß;[16]) hat er jedoch die Uebergabe der Sache oder Eintragung des Miethsrechts in das Hypothekenbuch erreicht, dann wird es ein dingliches,[17]) das, gegen den neuen Erwerber der Sache, den Singular-Successor des Vermiethers wirkend,[18]) dem Miether unvollständigen Besitz verleiht.[19])

---

[13]) Lex 2 pr. Dig. XIX., 2, worin es heißt:
locatio et conductio proxima est emtioni et venditioni, iisdemque regulis juris consistit.

[14]) § 263 Thl. I. Tit. 21 und §§ 46 ff. Thl. I. Tit. 11.

[15]) § 124 Thl. I. Tit. 2.

[16]) §§ 4 und 5 Thl. I. Tit. 19.

[17]) §§ 2 und 4 Thl. I. Tit. 21.

[18]) § 358 ibid.

[19]) § 6 Thl. I. Tit. 7 und nach deutschrechtlicher Auffassnug, wonach dem Miether unbedenklich eine Gewere zugesprochen wurde, weil auch in seinem Verhältniß

Zweiter Abschnitt.

Erfordernisse und Bedingungen der Entstehung.

Das zum Vorwurf genommene Rechtsverhältniß setzt also voraus:
zunächst an sich geschäftsfähige Personen, welche contrahiren und ferner geeignete d. h. solche Objekte, bei denen eine Gebrauchs-Ueberlassung möglich ist.

Gegenstand des Abkommens sind daher ebenso körperliche (bewegliche und unbewegliche) Sachen, wie Rechte, welche gebraucht werden können, ohne verbraucht zu werden, mithin solche, die vermöge ihrer Selbstständigkeit Objekte eines dauernden Rechts zu sein im Stande sind.[1])

Ausgeschlossen dagegen sind fruchttragende, wenn Fruchtgenuß beabsichtigt wird, verbrauchbare sowie vertretbare (fungible) Sachen.

Denn letztere, gewöhnlich nur nach Quantität und Qualität in Betracht kommend, sind untauglich, wenn nicht dieselbe Species, welche sonst bei ihrer Natur gleichgiltig, zurückgegeben werden soll; frucht- oder gewinnbringende Sachen sind gewöhnlich nur Gegenstand der Pacht und während hier der Verbrauch der Substanz nicht gestattet ist, lassen sich verbrauchbare Gegenstände[2]) in der Regel und ihrer Bestimmung entsprechend nur durch ihren Verbrauch d. h. mit Vernichtung ihrer Substanz oder Integrität gebrauchen.

Objekte der Miethe können letztere daher nur dann sein, wenn sie zu einem Gebrauche gegeben werden, durch welchen die Sache ihrer Substanz und Brauchbarkeit nach nicht vermindert oder vernichtet wird. —

Ist zufällig in demselben Vertrage eine Sache, die nur durch Gebrauch der Substanz benutzt werden kann, zugleich mit einer fruchttragenden überlassen worden, so liegen zwei Geschäfte vor, die, soweit es angeht, nach den

---

zu der gemietheten Sache sich thatsächliche Herrschaft offenbare, entgegen dem römischen Recht, wonach der Miether nicht Besitzer wird, sondern stets nur ein von dem Vermiether abgeleitetes, persönliches Recht hat und nur detentor alieno nomine (lex 6 § 2 Dig. 43, 26; lex 25 § 1 Dig. 41, 2; lex 18 pr. Dig. 41, 2) ist, weil ihm das geistige Element in der possessio fehle.

[1]) So darf dem Miether eines städtischen Grundstücks oder gewisser Theile desselben ein dem Grundstück zustehendes Durchfahrtsrecht mit vermiethet werden. (Striethorst's Archiv Bd. 36 S. 224.)

[2]) Die römischen Rechtsquellen nennen sie res, quae usu consumuntur, wozu das Geld, zugleich eine vorzüglich wichtige fungible oder vertretbare Sache insofern zu rechnen, als das Ausgeben desselben dem Verzehren gleich zu achten.

für jedes Geschäft anwendbaren besonderen Regeln zu beurtheilen. Haben jedoch beide Sachen nach der Absicht der Kontrahenten für die Dauer des Vertrages als Ganzes beurtheilt werden sollen, so giebt nach Vergleichung die Beschaffenheit der Hauptsache und deren Bestimmung, selbst wenn die überlassenen Sachen zu einander nicht in dem Verhältniß einer res principalis zu ihrem accessorium stehen,[3]) den Ausschlag dafür, ob Gebrauch nur oder zugleich Benutzung habe gewährt werden sollen,[4]) wie denn im Zweifel, ob Miethe oder Pacht gemeint sei, bei Landgütern letztere, bei städtischen Grundstücken erstere anzunehmen.[5])

Die ge- resp. vermiethete Sache muß alsdann wie bei dem Kaufe als Vermögensstück bestimmt bezeichnet, d. h. so individualisirt sein, daß über ihre Identität kein Zweifel obwaltet. Die Bestimmung darf freilich auch der Wahl der Parteien, insbesondere der Auswahl des Vermiethers überlassen werden. Auch eine fremde Sache kann vermiethet werden, nur nicht die eigene des Miethers, außer dem einem Anderen daran zustehenden Recht.

Was den Preis anlangt, so muß derselbe in einer Geldsumme[6]) bestehen, wenngleich dieselbe später in eine andere Leistung umgewandelt werden darf. Von ihm gilt alles, was von dem Kaufpreise bestimmt ist.[7])

Er muß somit ernstlich gemeint, d. h. nicht scheinbar, sondern wirklich als Gegenleistung gewollt sein und nicht blos dem Geschäft den Namen geben sollen (pretium verum), wenn er auch, was die Natur des Geschäfts nicht ändert, später erlassen werden darf. Er muß mindestens relativ festgesetzt, entweder in sich bestimmt oder von einem noch ungewissen oder unbekannten künftigen Umstande resp. von dem Ausspruch eines Dritten oder dem billigen Ermessen eines unparteiischen Sachverständigen abhängig gemacht (pretium certum) und für eine gewisse Zeitperiode auf irgend eine

---

[3]) Simon und v. Strampff's Rechtssprüche Bd. 3 S. 357 ff. Denn in diesem Falle kommen schon von Rechtswegen beide Sachen in eine solche sächliche oder juristische Verbindung und wie die Planeten zur Sonne und die Monde zu den Planeten in ein solches Abhängigkeitsverhältniß zu einander, daß die Nebensache in nur relativ besonderer Existenz gewissermaßen angezogen wird von der Hauptsache und lediglich deren Schicksal theilt. Bluntschli's deutsches Privatrecht Bd. 1 S. 222.

[4]) § 260 Thl. I. Tit. 21.

[5]) § 261 ibid.

[6]) § 262 ibid.

[7]) d. h. alles, was in den §§ 46 bis 56 und § 70 Thl. I. Tit. 11 über Bestimmtheit, Wahrheit und Wirklichkeit gesagt ist.

Weise bemessen sein.[8]) Nur seine Angemessenheit ist nicht erforderlich, eine Verletzung über die Hälfte, die sich in der Praxis bei dem Miethsverhältniß überhaupt wohl selten oder nie begründen ließe, kann also nicht stattfinden.[9])

---

[8]) Präj. des Ober-Trib. 2061 vom 29. September 1848 (Präj.-Samml. S. 123) und Entsch. des Ober-Trib. Bd. 16 S. 520. Ist die Uebergabe ohne solche Bestimmung geleistet, so hat dadurch der Vertrag aus der gesetzlichen Vorschrift des § 340 Thl. I. Tit. 21 seine Ergänzung erhalten.

[9]) Entsch. des Ober-Trib. Bd. 48 S. 171, Präj. Nr. 2227 (Präj.-Samml. II. S. 40), Entsch. Bd. 19 S. 489, Striethorst's Archiv Bd. 45 S. 354. Grattenauer in Mathis Bd. 7 S. 539 Anm. 59, Bielitz (Commentar Bd. 4 S. 508) und Förster (Klage und Einrede S. 457).

Im römischen Rechte —

const. 2, 8, Cod. 4, 44 de rescindenda venditione —

steht dieser Einwand unstreitig nur bei Kaufverträgen und nur dem Verkäufer zu.

Die gemeinrechtliche Praxis hat allerdings das Rechtsmittel der laesio enormis auf die Miethe ausgedehnt und sogar die Befugniß dem Miether zuzusprechen,

Voet comment. ad Pand. lib. 18 Tit. 5 § 5, 13,

Thibaut, Pandectenrecht 4te Ausgabe, § 197,

Makeldey, Lehrbuch des römischen Rechts, 13te Ausg. § 373 Urt. c. und

Glück, Pandecten, Bd. 17 S. 120 ff. und 342 ff., welcher insbesondere die Ansicht widerlegt, daß die lex 22 § 3 und lex 23 Dig. 19, 2 locati conducti der Ausdehnung auf locatio conductio entgegenstehe,

während bei der Theorie des A. L. R., wenn nach ihr überhaupt jener Einwand zulässig erschiene, das Recht darauf nur dem Miether als Käufer des Gebrauchsrechts zuzusprechen wäre. Eine solche Ausdehnung, wie sie allerdings Koch (Recht der Forderungen Bd. 3 S. 923) nach der Analogie zulassen und Graevell (Nießbrauch, Pacht und Miethe, S. 129), Bornemann (a. a. O. S. 458) und der Gesetzrevisor (Pens. XIII. und XIV. S. 76) gleichfalls rechtfertigen will, ist jedoch nicht für zulässig zu erachten. Zunächst darf man sich auf die Worte des § 263 Thl. I. Tit. 21 deshalb nicht berufen, weil damit augenscheinlich nichts anderes hat gesagt werden sollen, als daß der Miethszins ebenso bestimmt sein und von seiner Entrichtung dasselbe gelten müsse, was in den unter dem Marginale: „in Ansehung des Kaufpreises" stehenden §§ 46 bis 57 Thl. I. Tit. 11 vorgeschrieben. Es spricht weiter dagegen die aus den Materialien zu ersehende entschiedene Ungunst, mit welcher das Institut angesehen wurde, sowie der Umstand, daß man gewiß, wie anderweit, ausgesprochen hätte, wenn man es hier hätte zulassen wollen und endlich, daß auch eine Ausdehnung die exceptionelle, singuläre Natur dieser Befugniß ausschließt, vermöge deren eine Anwendung ausnahmsweise nur da stattfinden kann, wo es ausdrücklich gestattet ist. Es würde überhaupt bei der Miethe eine sichere Grundlage für die Werthschätzung fehlen. Denn, während bei dem Kaufe der Käufer denjenigen Werth vor Augen gehabt, welchen die Sache zur Zeit des abgeschlossenen Vertrages besessen und also auch auf diesen Werth bei der Frage, ob eine Verletzung vorliege, Rücksicht genommen werden soll, wird gerade bei der Miethe, wie bei denjenigen Rechtsgeschäften, welche ein längere Zeit hindurch fortwährendes Nutzungsverhältniß zum Gegenstande haben, von beiden Theilen nicht blos auf die Gegenwart, sondern ebenso auf die Zukunft gesehen und mit Rücksicht auf letztere der Zins bestimmt.

Dritter Abschnitt.

Abschluß und Form.

a) Bei der Eingehung.

Geschlossen wird der Miethsvertrag mit der Uebereinstimmung der beiden Theile über die wesentlichen Erfordernisse d. h. den Gegenstand und den Preis. Seine Giltigkeit und Wirksamkeit ist jedoch bei mündlichem Abschluß nur eine beschränkte.[1]) Unbedingt giltig ist das mündliche Abkommen nur dann, wenn Parteien nicht die schriftliche Abfassung ausdrücklich verabredet haben und die jährliche Miethe sich nicht über 50 Thaler beläuft.[2]) Denn lag im ersteren Falle jene Abrede vor und ist die schriftliche Fixirung dennoch unterblieben, so gilt der Vertrag überhaupt gar nicht, auch wenn die Sache übergeben worden wäre[3]) und übersteigt die verabredete Miethe jene Höhe, so findet bei unterlassener schriftlicher Abfassung weder eine Klage auf Erfüllung einer solchen mündlichen Uebereinkunft, noch wegen verweigerter Erfüllung eine Klage auf Interesse statt.[4])

Bei einem jährlichen Miethszinse von über 50 Thalern in Silbercourant, von welchem, wenn auf Gold accordirt worden, drei Thaler einem Ducaten und fünf Thaler einer Goldmünze von fünf Thalern gleich zu rechnen,[5]) ist eine besondere Form vorgeschrieben[6]) und mag es sich um unbewegliche oder bewegliche Sachen handeln,[7]) mindestens schriftliche Abfassung erforderlich,[8]) wie denn ebenso, um beide Theile zu verpflichten, Schriftform für die Abrede wesentliche Bedingung ist, wenn ein solcher

---

[1]) § 267 Thl. I. Tit. 21.

[2]) § 268 ibid.

[3]) § 117 Thl. I. Tit. 5.

[4]) §§ 155 und 168 ibid. und Entsch. des Ober-Trib. Bd. 4 S. 117, weil die Beobachtung der Schriftlichkeit nicht nur unter Androhung einer Strafe verordnet ist (§§ 109 und 110 ibid.) und daher zur Giltigkeit des Vertrages die Schriftform unbedingt gehört.

[5]) § 132 Thl. I. Tit. 5.

[6]) § 131 ibid.

[7]) Jahrbücher Bd. 52 S. 39.

[8]) Hiervon machen auch Miethsverträge von Kaufleuten über Immobilien, selbst wenn sie die Geschäftsräume solcher Personen betreffen, wie Lager- und Bodenräume trotz Art. 317 des allgemeinen deutschen Handelsgesetzbuchs keine Ausnahme, weil dergleichen Verträge nach 275 ibid. nicht als Handelsgeschäfte anzusehen.

Miethsvertrag im Laufe der Miethszeit aufgelöst werden soll.[9]) Unter jenem Zinsbetrage liegt die schriftliche Fixirung nur dann im Interesse der Contrahenten, wenn ungewöhnliche und nicht von selbst zu vermuthende Vereinbarungen getroffen werden und namentlich im Interesse des Miethers, wenn die Vereinbarungen Ausdehnungen seiner Befugnisse enthalten, da die Vermuthung für keine zu unbeschränkte und ausgedehnte Gebrauchsüberlassung spricht und daher im Zweifel gegen den Miether bezüglich des Gegenstandes und des Umfanges des Gebrauchs zu entscheiden ist.[10])

Auch wenn ein Vertrag auf mehre Jahre geschlossen oder wenn die Dauer des Vertrages bis zum Eintritt eines gewissen Ereignisses verabredet worden, dient dennoch nur der Betrag des einjährigen Zinses zum Maßstabe.[11])

Ein blos mündlicher, aber durch die Uebergabe schon vollzogener Contract, welcher hiernach der schriftlichen Form bedurfte, ist „nur" auf längstens ein Jahr verbindlich,[12]) was allerdings des Verhältnisses stillschweigende Verlängerung nicht ausschließt,[13]) die indeß außer dem fortgesetzten Besitz des Miethers eine diesem gegenüber geäußerte, ausdrückliche oder durch concludente Handlungen erklärte Einwilligung des Vermiethers in die Verlängerung erfordert.[14])

Geht die mündliche Abrede auf einen kürzeren als einjährigen Zeitabschnitt oder hätte durch ein hinzutretendes Ereigniß der Vertrag in kürzerer als Jahresfrist seine Endschaft und Erledigung finden müssen, so behält es natürlich bei der kürzeren Miethsperiode sein Bewenden. Immer erreicht aber in solchem Falle der Vertrag von selbst (ipso jure),[15]) ohne daß es einer besonderen Kündigung[16]) mit der gesetzmäßigen Kündigungsfrist bedarf,

---

[9]) § 388 Thl. I. Tit. 5. Entsch. des Ober-Trib. Bd. 39 S. 156 und Striethorst's Archiv Bd. 57 S. 160.

[10]) § 8 Thl. I. Tit. 21.

[11]) § 268 Thl. I. Tit. 21 und Striethorst's Archiv Bd. 48 S. 111.

[12]) § 269 ibid.; Judicat des Kammergerichts (Central-Blatt pro 1838 S. 1189) und Koch's Recht der Ford. Bd. 3 S. 890.

[13]) Präj. des Ober-Trib. 1259 (Präj.-Samml. S. 123) und Ulrich's Archiv Bd. 9 S. 125.

[14]) Striethorst's Archiv Bd. 6 S. 143 Nr. 37.

[15]) Entsch. des Ober-Trib. Bd. 42 S. 163.

[16]) Graevell a. a. O. S. 146. Bielitz Kommentar Bd. 4 S. 510, Gesetzrevisor (Pens. XIII., XIV. S. 77), Bornemann l. c. S. 456, Judicat des Ober-App. Senat des Kammergerichts (Centralbl. pro 1839 S. 1209 ff.), desgl. des App.-Gerichts zu Posen (J. M. pro 1843 S. 832) und Ober-Tribunal in Präj. 493

seine Endschaft, da das Gesetz ganz kategorisch disponirt, den terminus ad quem, die Dauer der Giltigkeit, bestimmt, die Nothwendigkeit einer Kündigung nicht im Entferntesten andeutet und eine Analogie aus dem Pachtverhältniß[17]) bei einer lex specialis nicht anwendbar.

Häufig pflegt auch nach Abschluß des Miethsvertrages ein Draufgeld gegeben zu werden, bezüglich dessen die Absicht der Parteien darüber entscheidet, ob es die Natur des Reugeldes[18]) (arrha poenitentialis) oder des Angeldes[19]) (arrha confirmatoria) haben solle.

b) Bei der Verlängerung.

Wird ein abgelaufenes Miethsverhältniß von beiden Parteien ausdrücklich verlängert, so liegt ein neuer Vertrag vor, der nach Form und Inhalt besonders zu prüfen und auf den daher die Sicherungsrechte des älteren nicht ohne neue Vereinbarungen übergehen, doch wird auch schon eine stillschweigend vollzogene Verlängerung (relocatio tacita) bis zu einem gewissen Grade beachtet.

Sie tritt ein, wenn Miether nach Ablauf des im Vertrage festgesetzten Termins[20]) der beendeten Miethszeit noch länger im Besitz bleibt und der

---

(Samml. I. S. 123) und Striethorst's Archiv Bd. 36 S. 206 ff. Innerhalb der gesetzlichen Dauer wäre eine Kündigung überhaupt schon deshalb unstatthaft, weil die §§ 269 und 328 Thl. I. Tit. 21 eine solche nicht erlauben und der § 340 ibid. einen der Form nach rechtsgiltigen Vertrag, nicht aber einen an sich ungiltigen, und nur durch die Uebergabe für einen durch das Gesetz normirten Zeitraum anerkannten Kontrakt voraussetzt. (Entsch. des Ober-Trib. Bd. 42 S. 163.) Dessen Modification muß wiederum in schriftlicher Form erfolgen, wenn die Miethe, für welche die Modification eintreten sollte, über 50 Thaler beträgt. § 388 und § 131 Thl. I. Tit. 5, sowie § 267 Thl. I. Tit. 21 und Striethorst's Archiv Bd. 57 S. 320.

Anderer Meinung sind Koch (Recht der Forderungen Bd. 3 S. 916) und Förster (Priv. R. Bd. 2 S. 194), ersterer, weil das Ende des Verhältnisses nicht im Vertrage bestimmt und deshalb § 340 Thl. I. Tit. 21 zur Anwendung komme, letzterer aus gleichem Grunde und weil § 337 ibid. eine nicht fern liegende Analogie biete. Die entgegengesetzte Meinung vertheidigen außerdem: Merkel (Commentar zum A. L. R. Bd. 1 S. 739 und das Stadtgericht zu Berlin (Centralblatt pro 1838 S. 1099).

[17]) § 406 Thl. I. Tit. 21.

[18]) § 212 Thl. I. Tit. 5.

[19]) § 206 ibid.

[20]) Wenn in dem Vertrage über die Dauer nichts bestimmt ist und eine Aufkündigung erfolgen muß (§§ 340 bis 349 Thl. I. Tit. 21), sowie in denjenigen Ausnahmefällen, in denen unter besonderen Umständen die Aufkündigung eines

Vermiether seinen Consens dazu entweder ausdrücklich oder durch Handlungen, welche eine stillschweigende Willensäußerung nach den Gesetzen begründen, erklärt hat,[21] wozu auch eine vorbehaltlose Annahme eines ferneren Zinses für die Folgezeit zu rechnen.[22]

Bis eine dergleichen Erklärung erfolgt ist, darf der Miether, der den Besitz fortgesetzt hat, willkürlich wieder abgehen, ein etwaiger späterer Widerspruch des Vermiethers gegen den bereits angezeigten Abzug hat also keine Wirkung mehr.

Gleichgiltig ist, ob in dem Vertrage das Ende auf einen gewissen Termin gesetzt oder durch den Eintritt eines Ereignisses fixirt worden.[23]

Die stillschweigende Verlängerung der Miethe gilt stets ein Jahr lang,[24] außer in den Fällen, wo die einfache Miethsperiode länger oder kürzer als ein Jahr oder durch einen bestimmten Zweck bezeichnet ist; in solchen begreift die Verlängerung immer nur die ursprüngliche, absolute oder relative Periode, als welche, wenn bei Eingehung des Vertrages nicht gleichmäßige

---

Kontrakts auf bestimmte Dauer während der kontraktlichen Zeit stattfinden kann (§ 350 ff.), findet die Vorschrift des § 325 ibid. wegen stillschweigender Verlängerung keine Anwendung, weil alsdann gerade durch die Kündigung ausdrücklich der Wille dahin ausgesprochen, den Kontrakt aufzulösen, während dort vorausgesetzt wird, daß sich die Kontrahenten mit Beendigung der bestimmten Miethzeit über Aufhebung der Miethe gar nicht erklärt haben. Entsch. des Ober-Trib. Bd. 34 S. 167, Striethorst's Archiv Bd. 22 S. 182 Nr. 38.

[21]) § 325 Thl. I. Tit. 21.

[22]) § 327 Thl. I. Tit. 21.

Der § 326 ibid. bezieht sich nicht auf Miethe, wie Förster (Priv. R. Bd. 2 S. 202) aus der angeblichen Gemeinsamkeit der meisten Regeln behauptet. Es spricht für die Negative der Umstand, daß:

1) nur vom Pächter Rede ist und die Ungleichheit der Verhältnisse des Pächters und Miethers die Analogie ausschließt,
2) daß die Bestimmung eine Abweichung von den bei stillschweigenden Willenserklärungen geltenden Grundsätzen enthält und daher strict interpretirt werden muß und
3) nur der Pächter nöthig hat im Voraus Einrichtungen für den künftigen Fruchtbezug zu treffen, wie Koch (Recht der Ford. Bd. 3 S. 892) resp. Bornemann (a. a. O. S. 479) resp. der Gesetzrevisor (Pens. XIII. S. 92) hervorhebt.

[23]) § 336 Thl. I. Tit. 21.

[24]) § 328 ibid. gilt als Regel; die Ausnahmen ergeben sich aus dem in § 329 l. c. und der Kab.-Ord. vom 9. Januar 1812 angewandten Princip. Die rücksichtslose Anwendung der Regel würde bei beweglichen Sachen und einer ursprünglich kurzen Miethszeit zu ganz unvernünftigen Ergebnissen führen. Conf. Koch's Recht der Ford. Bd. 3 S. 891 ff. und Förster's Priv. R. Bd. 2 S. 202.

Zeitabschnitte als Miethzinsentrichtungstermine festgesetzt worden sind, der Zeitraum anzusehen, nach welchem der Zins bemessen. Innerhalb der so fortgesetzten Periode kann nicht gekündigt werden.

Alle diese Grundsätze kommen selbstverständlich nur da zur Anwendung, wo der Vertrag in mündlicher Form genügte; mangelte aber letzterem die schriftliche Form zur Gültigkeit, so vermag ihn die stillschweigende Verlängerung nur soweit wieder zu erhalten, als es zuerst die erfolgte Uebergabe im Stande war.[25])

Vierter Abschnitt.

Wirkungen des Miethsvertrages.

a) Verbindlichkeiten des Vermiethers.

Aus der Natur des Rechtsverhältnisses ergiebt sich als Hauptpflicht des Vermiethers, dem Miether, wenn er sich mit keinem geringeren Gebrauch begnügt hat oder kein größerer bedungen ist, den gemeingewöhnlichen Gebrauch[1]) der Sache ohne besondere Bequemlichkeiten,[2]) namentlich bei einer Wohnung ohne Ausschmückung, frei und ungehindert zu gewähren, ihm den natürlichen Besitz daran zur bedungenen Zeit zu übertragen[3]) und also ihn rechtzeitig in die factische Möglichkeit zu versetzen, die Sache zu gebrauchen.

Ist der Anfang eines Wohnungsmieths-Vertrages auf Ostern, Johannis, Michaelis oder Weihnachten bestimmt worden, so soll unter diesen Ausdrücken jederzeit der Anfang eines Kalenderquartals, also der erste April, Juli, October und Januar verstanden werden, wenn nicht der Vertrag ausdrücklich ein anderes bedingt.[4])

---

[25]) Präj. des Ober-Trib. 493 und 1259 (Präj.-Samml. I. S. 123). Koch l. c. S. 894 ff. Striethorst's Archiv Bd. 6 S. 143, Bd. 48 S. 229 und Entsch. Bd. 42 S. 168. Es würde sonst das A. L. R. mit seinen Vorschriften über die Folgen des Mangels der Form in Widerspruch kommen.

[1]) Der nicht als Gewinn im Sinne des § 287 Thl. I. Tit. 5 und der §§ 5 und 6 Thl. I. Tit. 6 und dessen Beeinträchtigung daher nicht als entgangener Gewinn aufzufassen (Striethorst's Archiv Bd. 16 S. 232 Nr. 54), vielmehr als nudus usus, id est sine fructu darin besteht, daß der Miether einer Sache, deren Productivdienste durch Consumtion ohne Erzeugung neuer dauernder Werth für sich verwendet (Förster's Priv. R. Bd. 2 S. 169) und sie selbst also unbeschadet ihrer Substanz als Mittel zur Erzielung eines Vortheils anwendet.

[2]) § 277 Thl. I. Tit. 21.

[3]) §§ 270 und 272 ibid.

[4]) Kabinets-Ordre vom 30. Juni 1834 (Ges.-Samml. pro 1834 S. 92).

Vermiether hat mit Erfüllung seiner Verpflichtung anzufangen. Er muß durch die festgesetzte Miethsperiode täglich neu gewähren und zwar Mangels getroffener entgegenstehender Vereinbarung mit allen stillschweigend inbegriffenen Pertinenzen, wie bei einer Wohnung mit den für die Wohnung angeschafften Jalousien, Vorfenstern, Marquisen und in die Wand eingelassenen Spiegeln und Pfeilertischen.[5])

Seine Leistung ist also Vorleistung und bleibt es durch die ganze Dauer des Vertrages, selbst wenn die Zinszahlung praenumerando bedungen ist.[6])

Erfüllt er gar nicht oder nur theilweise seine Verpflichtungen, so entsteht auch die Nachleistung des Miethers entweder gleichfalls nicht oder nur insoweit, als vorgeleistet worden, wobei das zufällige Nichtkönnen dem Nichtwollen gleich zu achten. Soweit die Möglichkeit, einen Gebrauchswerth zu erzielen, nicht gewährt worden, fehlt es an der Vorleistung und fällt das Entgelt dafür weg, wenn selbst ein Zufall den Vermiether an der Vorleistung hindert.

Doch macht nicht schon jede allergeringste oder ganz vorübergehende Störung des Miethers an dem Gebrauche der Sache den Vermiether für die unterlassene Vorleistung verantwortlich.[7]) Die Verhinderung muß vielmehr, um Beachtung zu finden, erst eine gewisse Beträchtlichkeit erlangt und einen bedeutenden Zeittheil hindurch stattgefunden haben, worüber richterliches Ermessen entscheidet, jedoch mit der Beschränkung, daß bei der Miethe eines Gebäudes erst dann die mangelnde Vorleistung von Einfluß, wenn durch länger als einen Monat Miether des Gebrauchs ganz oder zum Theil entsetzt gewesen ist,[8]) namentlich dann, wenn der Miether durch einen solchen Zeitraum einer Einquartierung die Wohnung ganz oder zum Theil hat überlassen müssen, sobald ihn contractlich die Einquartierungslast nicht trifft.[9])

Selbstverständlich muß der Vermiether nicht nur die Sache in einem brauchbaren und zweckentsprechenden Zustande überliefern,[10]) sondern auch

---

[5]) Zeitschrift für Gesetzgebung und Rechtspflege von Hinschius (neue Folge) Bd. 2 S. 729.

[6]) Dresdener Ann. V. 450.

[7]) Koch's Commentar zum A. L. R. Note 39 zu § 299 Thl. I. Tit. 21.

[8]) § 299 ibid.

[9]) § 300 l. c.; hier ist der critische Zeittheil anders als in § 299 begrenzt, doch ergiebt eine Vergleichung mit §§ 301 und 307 ibid., daß auch hier ebenderselbe gemeint ist, den der Grundsatz in § 299 vorschreibt. Conf. Koch's Proceß-Praxis. Erster Theil S. 969.

[10]) § 272 Thl. I. Tit. 21.

während der Dauer des Miethsvertrages ununterbrochen in diesem Zustande erhalten,[11]) eintretende factische Hindernisse des Gebrauchs beseitigen, also die nöthigen Ausbesserungen, welche durch erlaubten Gebrauch oder durch Zufall entstanden sind, an derselben vornehmen und insbesondere bei einer Wohnung die durch Hagelschlag beschädigten Fenster repariren, sowie die im Laufe der Zeit mangelhaft gewordenen Thüren, Schlösser, Oefen u. s. w. wiederherstellen oder erneuern lassen.

Hierzu muß freilich der Miether den Vermiether auffordern, weil letzterer, aus dem Naturalbesitz der Sache gesetzt, gar nicht in der Lage ist, fortdauernde Kenntniß von der Beschaffenheit des Miethes-Objektes zu nehmen und somit erst durch die Anzeige der Nothwendigkeit der Reparaturen in den Stand gesetzt wird, seinerseits dem Abkommen genügen zu können.[12])

Wie bei allen lästigen Verträgen ein Theil dem andern dafür haften muß, daß sich derselbe der gegebenen Sache nach der Natur und dem Inhalte des Vertrages bedienen könne,[13]) so muß auch der Vermiether die bedungenen oder vorausgesetzten Eigenschaften der Sache vertreten, durch deren Fehlen der vertragsmäßige Gebrauch gehindert oder erschwert wird.

Wird die vermiethete Sache nicht in einem brauchbaren Zustande offerirt, so hat der Miether die Wahl, entweder die Annahme zu verweigern und von dem Vertrage ganz abzugehen oder den Vermiether zur Instandsetzung und Herstellung anzuhalten.[14]) Ebenso steht dem Miether der Rücktritt frei, wenn die übernommene Sache später dem Abkommen[15]) widersprechend unbrauchbar wird.[16])

Ist der Vermiether an Nichtgewährung der ihm obliegenden Leistungen

---

[11]) § 291 ibid.

[12]) Entsch. des Ober-Trib. Bd. 14 S. 282.

[13]) § 318 Thl. I. Tit. 5.

[14]) § 273 Thl. I. Tit. 21. Es darf der Miether während der Kontraktsdauer jederzeit auf die Ausführung der erforderlichen Restaurationen dringen. Die Dauer dieses Rechts, welche der steten Erneuerung gleichsteht, läßt also ein Eintreten der Verjährung nur insofern zu, als die Geltendmachung des Anspruches über die Verjährungsfrist hinaus versäumt ist. Entsch. des Ober-Trib. Bd. 14 S. 282.

[15]) Immer ist für die Frage, ob die Sache in brauchbarem Zustande überliefert worden, oder ob sie inzwischen unbrauchbar geworden ist, auf dem im Kontrakte ausbedungenen Zustand der vermietheten Sache zu sehen, nicht etwa darauf, ob nach der Meinung Sachverständiger, ungeachtet der Zustand der Sache nicht überall dem Kontrakte entspricht, dennoch derselbe im Allgemeinen ein brauchbarer sei. Präj. des Ober-Trib. Nr. 1178 (Präj.-Samml. S. 214).

[16]) § 383 Thl. I. Tit. 21.

durch Vorsatz oder ein mindestens mäßiges Versehen schuld,[17]) so hat er noch außerdem das Interesse[18]) resp. den Schaden[19]) zu vergüten.

Ebenso haftet er dem Miether, wenn diesem, namentlich durch den collidirenden Anspruch eines Dritten,[20]) der Gebrauch vor der Zeit entzogen oder geschmälert wird, nach den allgemeinen Grundsätzen über Gewährleistung für Ersatz des Interesses.[21])

Zu diesen Hauptverbindlichkeiten des Vermiethers treten noch folgende Nebenverbindlichkeiten:

Er ist verbunden, die Ausbesserung zu bestreiten, welche die Erhaltung der Substanz und die Erreichung ihrer vertragsmäßigen Brauchbarkeit erheischen.

Hat sich die Sache zur Zeit der Abschließung des Vertrages in unbrauchbarem Zustande befunden, so ist nicht etwa anzunehmen, daß Miether sich jenen Zustand gefallen lassen müsse, selbst wenn er ihm bekannt gewesen; es gilt vielmehr als stillschweigend ausbedungen, daß die Sache bis zum Beginn der Miethe noch brauchbar gemacht werde, da Brauchbarkeit der Sache zur Zeit der Uebergabe eben zu den stillschweigend vorbedungenen Eigenschaften derselben gehört.

Hat Miether dennoch die unbrauchbare Sache angenommen und dieselbe oder die unbrauchbar werdende in einen brauchbaren Stand setzen resp. den Mangel beheben lassen, wozu er freilich nicht verpflichtet,[22]) so hat Vermiether die dafür erforderlichen nothwendigen und nützlichen Ausgaben ihm zu ersetzen, dem in dieser Beziehung die Rechte eines solchen gebühren, der fremde Geschäfte ohne Auftrag besorgt hat.[23])

Es ist Vermiether ferner gehalten, die von dem Miether zur Abwendung eines der Substanz der Sache drohenden Schadens zweckmäßig ver-

---

[17]) Nach der dem A. L. R. zu Grunde liegenden Eintheilung der culpa haftet der Vermiether nicht für ein geringes Versehen. §§ 278, 364 und 385 ibid.

[18]) § 285 Thl. I. Tit. 5.

[19]) §§ 288 ff. ibid.

[20]) §§ 323 und 320 ibid.

[21]) §§ 355 und 360 Thl. I. Tit. 21.

[22]) Striethorst's Archiv Bd. 24 S. 259, da ohne überzeugende, aus dem Gesetz oder der Natur der Sache hergeleitete Gründe nicht anzunehmen, daß die Befugniß zur Vornahme einer Handlung auch die Verpflichtung zu deren Uebernahme involvire, weshalb dem Miether nur obliegt anzuzeigen, daß und welche Reparaturen nöthig seien.

[23]) § 274 Thl. I. Tit. 21.

wendeten Kosten,[24]) sowie solche Auslagen zu erstatten, die für Verbesserungen gemacht sind, deren Vornahme mit seiner Genehmigung und Einwilligung geschehen sind,[25]) welche letztere indeß Miether nicht erzwingen kann.[26]) Diesem gebührt bei Verbesserungen, die ohne jene Einwilligung vorgenommen sind, nur das jus tollendi,[27]) soweit es ohne Beschädigung der Substanz auszuüben möglich ist.[28])

Außerdem trägt Vermiether noch die auf der Sache selbst, nicht lediglich auf deren Gebrauche liegenden Lasten und Abgaben.[29])

Einquartierungslast[30]) und die damit verbundene reglementsmäßige Verpflegung, welche die Einquartierung vermöge allgemeiner oder besonderer Verordnungen zu verlangen berechtigt,[31]) fällt in Zeiten des Friedens dem Vermiether zu.[32]) Der Miether als solcher darf selbst bei Zusammenziehung ganzer Armeekorps nicht mit Einquartierung belegt und zur Einquartierungslast herangezogen werden.[33]) Hat er sie dennoch getragen, so muß ihm die dadurch verursachten und also nur vorgeschossenen Kosten der Vermiether ersetzen.

In Kriegszeiten[34]) dagegen bei der hauptsächlich mit Rücksicht auf die Größe der Wohnungen erfolgenden feindlichen Einquartierung ist die desfallsige Last eine den Miether und Vermiether gemeinschaftlich treffende und

---

[24]) § 287 ibid. und §§ 234 ff. Thl. I. Tit. 13.

[25]) § 280 Thl. I. Tit. 21.

[26]) § 281 ibid.

[27]) §§ 130 und 131 l. c.

[28]) Förster will in seinem Privatrecht Bd. 2 S. 184 zwar die §§ 283 bis 286 analog in Anwendung bringen, allein er übersieht, daß ausdrücklich nur die Pacht erwähnt und bei einer lex specialis Analogie unzulässig ist. Beide Verträge berühren sich in vielen Stücken gar nicht, jeder hat dafür seine besondere Sphäre.

[29]) § 288 Thl. I. Tit. 21.

[30]) die im allgemeinen Landrecht augenscheinlich von dem Gesichtspunkte einer Reallast betrachtet ist.

[31]) Was darüber hinaus gefordert wird, ist Erpressung oder mindestens widerrechtliche Abnöthigung und zufälliges Ereigniß.

[32]) §§ 289 und 290 Thl. I. Tit. 21.

[33]) Circular-Rescript des Ministers des Innern vom 18. Juni 1824 (Ann. VIII. S. 469), das für Quartierleistung nach dem Bundesgesetz vom 25. Juni 1868 (B. G. Bl. S. 523) allerdings nicht mehr unbedingt gilt.

[34]) Für Einquartierung und Verpflegung ausländischer Truppen im Kriege ist definitiv durch Königl. Befehl vom 20. Mai 1812 (Ges.-Samml. S. 47) die Anwendbarkeit der §§ 289 und 290 Thl. I. Tit. 21 aufgehoben. Für Berlin ausschließlich gilt ein Regulativ des Staatskanzlers vom 6. Mai 1814. (Ges.-Samml. S. 30 ff.)

ihre Vertheilung gegenwärtig dem richterlichen Ermessen überlassen,[35]) welches auf die obwaltenden Umstände, namentlich außer dem Vermögen beider Theile auf die Art der Truppenvertheilung, die Art der Leistung und insbesondere darauf billige Rücksicht zu nehmen haben wird, ob bloßes Quartiergeben zu gewähren oder noch sonstiger Aufwand zu leisten, wovon offenbar die erstere Leistung als eine mehr reale, die letztere als eine mehr persönliche erscheint.[36])

Während der Dauer des mobilen Zustandes der vaterländischen Armee oder eines Theiles derselben ist die Gewährung des Natural-Quartiers für diejenigen mobilen und nicht mobilen Truppentheile, welche sich auf Märschen oder in Kantonirungen befinden, Gemeindelast[37]) und deren weitere Vertheilung zunächst Sache der Gemeinde.[38])

Schließlich haftet noch der Vermiether einer Wohnung, der wissentlich Miethsleute, die mit Feuer und Licht, bei dem Auswerfen und Ausgießen oder in Verschließung des Hauses unvorsichtig und nachlässig zu verfahren gewohnt sind, länger duldet, als er nach dem Miethsvertrage schuldig ist, neben den beschädigenden Hauptschuldnern subsidiarisch für allen durch selbige auf dergleichen Art verursachten Schaden.[39])

An die Stelle des Vermiethers treten für alle diese Verpflichtungen seine Erben,[40]) außer, wenn er nur für seine Lebenszeit über das Objekt

[35]) Die Grundsätze des angeblich auf Grund einer Kabinets-Ordre vom 24. Juni 1808 erlassenen Ministerial-Rescripts vom 2. Juli 1808 (Mathis Bd. 7 S. 93 und Rabe Bd. 9 S. 223) können nicht Platz greifen, da es an einer vorschriftsmäßigen Publication jener Kabinetsordre fehlt, welche nach dem zur Zeit des Erlasses giltigen Recht d. h. nach den Vorschriften des § 11 der Einleitung zum A. L. R. und des Patents vom 1. April 1803 hätte erfolgen müssen. Mit ihr erlangte eine Kabinets-Ordre als allgemeines Gesetz erst juristisches Dasein oder Gesetzeskraft, wie aus §§ 5 und 10 der Einleitung zum A. L. R. klar erhellet.

[36]) Diese Auffassung theilt schon Bornemann a. a. O. S. 464 und ein Rescript vom 18. Mai 1810 (v. Rabe Samml. Bd. 10 S. 337). Anderer Meinung ist Koch (Recht der Ford. Bd. 3 S. 901), der indeß die Rechtsgiltigkeit der Kabinets-Ordre zu prüfen unterläßt.

[37]) Gesetz vom 11. Mai 1851 (Ges.-Samml. pro 1851 S. 362); § 3 Nr. 1 ibid. bezieht sich jedoch nicht auf mobile Truppen, die während des mobilen Zustandes anderer Armee-Korps nach wie vor in ihren bisherigen Friedensgarnisonen verblieben sind. Striethorst's Archiv Bd. 60 S. 153.

[38]) In welchen drei verschiedenen Arten dies geschehen könne, verdeutlicht ein Erlaß des Finanz-Ministers, des Kriegs-Ministers und des Ministers des Innern vom 13. October 1860 (Min.-Bl. 1861 S. 116).

[39]) §§ 66 und 67 Thl. I. Tit. 6.

[40]) § 375 Thl. I. Tit. 21.

verfügen durfte, und auch der Singularsuccessor desselben,[41]) da sich eine Cession des Mieths-Vertrages activ und passiv stillschweigend immer von selbst versteht. Dies gilt im Falle des freiwilligen Verkaufs[42]) oder einer nothwendigen Veräußerung zum Zweck der Theilung[43]) unbedingt, im Falle der nothwendigen gerichtlichen Veräußerung Schulden halber bedingt, wenn nämlich nicht der Successor oder einer der Pfandgläubiger von der ihnen gebotenen besonderen Kündigungsbefugniß Gebrauch gemacht hat.[44])

Abgesehen also von dem Falle, wo eine Kündigung Seitens der Gläubiger eingetreten ist, unterscheidet sich der Adjudicatar bei gerichtlich nothwendigen Verkäufen vom Käufer bei freiwilligen Verkäufen hinsichtlich seines Verhältnisses zu den Miethern des erkauften Grundstücks nur darin, daß der letztere die Miethsverträge in Stelle des Vermiethers tretend, fortsetzen muß, während der Adjudicatar sie fortsetzen aber auch aufheben kann; thut er das letztere nicht, so setzt auch er diese Verträge mit den Miethern ganz in demselben Sinne und Umfange fort, wie der Käufer bei freiwilligen Ver-

---

[41]) Entgegen der gemeinrechtlichen Parömie: Kauf bricht Miethe (lex 25 § 1 Dig. XIX., 2 und lex 9 Cod. IV., 65), womit man dem natürlichen Satze, daß der Käufer nicht in die obligatio des Verkäufers eintritt, einen unpassenden Ausdruck gegeben und wonach ein Miether jedem neuen Eigenthümer der Sache weichen muß, selbst wenn dieser nur von dem Vermiether sein Recht ableitet, — eine Parömie, welche überhaupt nach der richtigen neueren Ansicht dahin zu verstehen, daß nicht schon der Abschluß des Kaufvertrages, sondern erst der Eigenthumsübergang, also Kauf und Uebergabe das Recht des Käufers zur Exmission des Miethers begründet. Conf. v. Vangerow, Vorlesungen III. S. 465; Puchta, Pand. § 369 und Arndt's Pandecten S. 504 Anmerk. 4.

[42]) § 358 Thl. I. Tit. 21; hiermit hat nicht etwa auf das Verhältniß des Miethers zum Verkäufer hingewiesen werden sollen. Denn daß mit diesem der Kontrakt fortdauert, liegt in der Natur der Sache und war auch nach römischem Recht nicht zweifelhaft. Der § 358 betrifft vielmehr, wie auch die §§ 359 und 360 ergeben, worin nur Vorschriften zwischen dem Miether und dem Käufer ertheilt werden, das Rechtsverhältniß dieser Personen zu einander. Es wird aber dahin geregelt, daß keine Aenderung in den Rechten und Pflichten des Miethers dem freiwilligen Käufer gegenüber eintreten solle. Sowie ersterer also unverändert das bisherige Miethsgeld zu entrichten hat, ebenso kann er von diesem unveränderte Gewährung der gemietheten Sache fordern. Es ist damit das Rechtsverhältniß in der Weise geordnet, wie ältere deutsche Statuten durch Aufnahme der Parömie: Heuer geht vor Kauf, die Sache aufgefaßt haben und wie dies insbesondere für Berlin durch das Rescript vom 15. April 1705 geschehen war. Striethorst's Archiv Bd. 9 S. 350.

[43]) Verordnung vom 11. August 1843 § 1.

[44]) § 357 Thl. I. Tit. 21, Entsch. des Ober-Trib. Bd. 46 S. 148 und Striethorst's Archiv Bd. 41 S. 321.

käufen und muß mithin als neuer Eigenthümer der vermietheten Sache dem Miether die Ausübung seines dinglichen Rechtes gestatten.

In beiden Fällen ist Grund des Ueberganges die angenommene Dinglichkeit der Miethe.[45]) Es ist daher das Rechtsverhältniß des Vermiethers sowohl nach der Seite seiner Berechtigung als seiner Verpflichtung cessibel.

Auch ohne ausdrückliche Cession gehen diese Rechte und Pflichten auf den Rechtsnachfolger aus einem besonderen Titel dergestalt über, daß mit dem Eintritt des Käufers alle Rechte und Pflichten des früheren Eigenthümers in Bezug auf das dingliche Recht des Miethers aufhören. Dagegen bleiben die persönlichen Verbindlichkeiten des ursprünglichen Vermiethers aus dem Miethsvertrage namentlich in Betreff Rückzahlung der Kaution, sowie solche persönliche Verbindlichkeiten, welche ganz außerhalb des Bereichs dieses Verhältnisses liegen, unberührt.[46])

Schon durch die Uebergabe allein und ohne ausdrückliche Vereinbarung tritt der Käufer eines vermietheten Grundstücks für die Dauer des Miethsvertrages in die Rechte und Pflichten des Verkäufers, welcher dasselbe vermiethet hat,[47]) und erwirbt die Rechte des Vermiethers bezüglich aller Ansprüche, die von dem Moment der Veräußerung entstehen.[48])

Auf ihn geht der Anspruch bezüglich des Zinses ohne Weiteres (ipso jure) über, denn mit dem Eigenthum der Sache erwirbt er zugleich ihren Gebrauchswerth, wofür der Zins nur ein Aequivalent ist.

Erfüllung fordern darf er, sobald der Miether Wissenschaft davon erlangt hat, daß das Eigenthum des Miethsobjekts auf den neuen Erwerber übergegangen ist.[49])

Andererseits hat aber auch der Käufer durchweg für Ansprüche des Miethers, soweit sie dessen dingliches Recht betreffen, aus der Zeit nach

---

[45]) §§ 2 und 3 Thl. I. Tit. 21; conf. Suarez in den amtlichen Vorträgen (Jahrb. Bd. 41 S. 67) und Gesetzrevisor in den Motiven zum Entwurf dieses Titels S. 101. Ersteren Falls äußert sie ihre Wirkung durchaus und ohne alle Einschränkung, letzteren Falls ausnahmsweise nicht vollständig, jedoch immerhin noch dadurch, daß der Adjudicatar die Kündigungsfrist beachten muß, was also das Fortbestehen des Miethe-Vertrages voraussetzt und nicht dessen Beendigung durch den Zuschlag annehmen läßt.

[46]) Striethorst's Archiv Bd. 51 S. 183 und Bd. 69 S. 6.

[47]) Entsch. des Ober-Trib. Bd. 25 S. 427, Bd. 39 S. 158, Gruchot Bd. 6 S. 441, Striethorst's Archiv Bd. 3 S. 193 und Bd. 9 S. 349.

[48]) Entsch. des Ober-Trib. Bd. 58 S. 141 und Striethorst's Archiv Bd. 59 S. 304.

[49]) Striethorst's Archiv Bd. 72 S. 301.

seiner Besitzergreifung unbedingt einzustehen und insbesondere für die noch übrige Dauer des Vertrages die vermiethete Sache unverändert zu gewähren.[50])

Er muß auch dann noch erfüllen, wenn die Erfüllung schon vor dem Kauf hätte geschehen sollen. Hieraus folgt indeß nicht, daß, wenn eine bestimmte Verpflichtung zur Zeit der Uebergabe nicht mehr zu erfüllen ist, der Käufer dennoch Erstattung dafür leisten müsse, daß der Verkäufer seinen Verpflichtungen nicht genügt hat, diese vielmehr von dem Miether statt seiner erfüllt worden sind. Denn in persönliche Verpflichtungen tritt der Käufer vermöge des Gesetzes nicht ein. Er ist für alle Entschädigungsforderungen aus früherer Zeit nicht verantwortlich. Die Annahme des Gegentheils würde schon gegen den allgemeinen Grundsatz verstoßen, daß persönliche Verpflichtungen nicht von selbst, sondern nur aus bestimmten Rechtsgründen auf einen Dritten übergehen.[51])

b) Verbindlichkeiten des Miethers.

Hauptverbindlichkeit des Miethers ist: am Wohnorte des Vermiethers zur Zeit des geschlossenen Vertrages[1]) Zins zu entrichten, sobald und soweit ihm vorgeleistet worden,[2]) selbst wenn er die Sache nicht wirklich gebraucht hat. Ist er durch Schuld des Vermiethers an dem Gebrauche verhindert oder darin beeinträchtigt, so braucht Miether für die Dauer der Nichtgewährung nicht nur keinen Zins zu zahlen, sondern darf sogar seinerseits in Gemäßheit der allgemeinen Grundsätze über die Vertretung des Vorsatzes und des Versehens bei Verträgen, von dem Vermiether Ersatz des Interesses oder des Schadens fordern.[3])

---

[50]) Striethorst's Archiv Bd. 44 S. 93, Bd. 45 S. 345 und Bd. 51 S. 183.

[51]) Entsch. des Ober-Trib. Bd. 53 S. 141.

[1]) § 248 Thl. I. Tit. 5; hier ist die Leistung in einem Geben der Leistung einer Handlung gegenübergestellt, und unter dem Geben auch die Zahlung oder die Erfüllung durch Hingabe von Geld oder geldwerthen Papieren begriffen. Für den Ort der Zahlung von Miethszins entscheidet § 263 Thl. I. Tit. 21 nicht, der zwar auf die Vorschriften vom Kaufgelde (§§ 46 ff. Thl. I. Tit. 11) verweist, worin aber eine Bestimmung über den Ort fehlt, während § 93 nur eine Consequenz von § 221 ibid., welcher für den Miether keine passende Analogie darbietet. (Striethorst's Archiv Bd. 15. S. 108.)

[2]) §§ 258 und 297 Thl. I. Tit. 21.

[3]) §§ 364 und 365 ibid.; § 278 Thl. I. Tit. 5 und Striethorst's Archiv Bd. 10 S. 232, sowie Bd. 28 S. 341.

Hat nur ein von dem Vermiether nicht verschuldeter Zufall den Gebrauch der Sache ganz oder zum Theil gehindert, so kann Miether nur einen verhältnißmäßigen Abzug von dem Miethgelde machen, insofern sich der Zufall nicht in seiner Person ereignet hat.[4]) Eine ganz unbedeutende und vorübergehende Beschränkuna des Gebrauchs kommt hierbei, wie oben gezeigt,[5]) nicht in Betracht.[6])

In einem Falle ist der Miether von Zinszahlung frei, wenn er nämlich in Kriegszeiten durch den Feind gezwungen wurde, den Zins an ihn zu berichtigen, jedoch nur wegen solcher Termine, womit er sich dem Vermiether gegenüber nicht im Verzuge befand.[7])

Selbstverständlich muß jedoch nicht bloß das zum Zweck der Zinszahlung etwa zurückgelegte und aufbewahrte Geld abgenöthigt, sondern der Zins als solcher gefordert sein, da nur im letzteren Falle an dem Rechte des Vermiethers Gewalt verübt worden, während im ersteren nur ein den Miether treffender Zufall vorläge.[8])

Der Miethszins muß, wenn nicht ein Anderes vereinbart worden, in vierteljährigen Fälligkeitsterminen entrichtet werden,[9]) natürlich vorausgesetzt, daß die Dauer des Miethsverhältnisses selbst ein Vierteljahr übersteigt.

Ist auf kürzere Zeit z. B. monatsweise gemiethet, so folgt aus der Natur der Nachleistung Zahlung am Ende resp. nach Ablauf der Zeit. Der Miether mnß ferner die Sache ordnungsmäßig auf gewöhnliche, wirthschaftliche Art, wie ein guter Hausvater gebrauchen.[10])

Er darf das Miethsobjekt nur zu dem Zwecke, zu welchem es vermiethet wurde, gebrauchen, also eine „Wohnung“ nicht als Schule, Wirths-

---

[4]) §§ 347 und 384 Thl. I. Tit. 21.

[5]) Bei Behandlung der Verbindlichkeiten des Vermiethers.

[6]) §§ 299 und 300 Thl. I. Tit. 21. In diesen Bestimmungen beruht es offenbar auf einer Ungenauigkeit des Ausdrucks, wenn von einem Erlaß der Miethe gesprochen wird, während bei dem Mangel der Vorleistung eine Zinsforderung gar nicht entstanden ist nnd eine Remission eigentlich nur vorliegt, wo alles gewährt ist, was Seitens des Vorleisters zu gewähren war und dieser sich aus einem anderen Rechtsgrunde dennoch einen Abzug an Zins gefallen lassen muß.

[7]) §§ 381 und 382 Thl. I. Tit. 21.

[8]) Es ist die Bestimmung des § 381 keineswegs, wie Förster (Priv. R. Bd. 2 S. 188) meint, eine auffällige Ausnahme des Grundsatzes: genus non perit. Es wird vielmehr nur die Obligation außergewöhnlich als eine körperliche Sache gedacht und als solche behandelt. Conf. Koch's Recht der Ford, Bd. 3 S. 911.

[9]) § 297 Thl. I. Tit. 21.

[10]) § 270 ibid.

haus, öffentliches Tanzlokal, Fabrik, Werkstätte oder zur Haltung einer Wirthschaft mit feilen Dirnen[11]) und dergleichen.

Er darf weiter das Miethsobjekt nicht wesentlich verändern, insonderheit in einem gemietheten Gebäude bauliche Veränderungen einseitig ohne Genehmigung des Vermiethers nicht vornehmen, selbst wenn die Aenderungen wirkliche Verbesserungen enthielten, weil darin eine Verfügung über die Substanz liegt, welche ihm nach der Beschaffenheit seines nur den Gebrauch der Sache betreffenden Rechts nicht zusteht und vielmehr in die Rechte des Eigenthümers übergreift.[12])

Er haftet für Vorsatz und mäßiges Versehen[13]) dem Vermiether, muß Beschädigungen der Sache vertreten, wenn sie dadurch verursacht sind und vertritt geringes Versehen, wenn der Schaden bei vertragswidrigem Gebrauch entstanden.[14]) Nur unvermeidliche Abnutzung und zufällige Verschlechterung wird von ihm nicht vergütigt.[15])

Er muß am Ende der Kontraktszeit die Sache nebst Zubehör wohl erhalten in ihrer Substanz und unversehrt, soweit nicht der kontraktmäßige Gebrauch eine Verschlimmerung von selbst, d. h. Abnutzung mit sich bringt, pünktlich zurückgewähren, eine Wohnung also nicht blos verlassen, sondern sie auch mit den eingebrachten Gegenständen vollständig räumen.

Verzögert er die Rückgabe, so hat er von dem Tage der abgelaufenen Miethe die Obliegenheiten des Verwalters fremder Sachen und gilt von dem Tage des ihm zugekommenen Widerspruchs[16]) als unredlicher Besitzer, d. h. er hat neben seiner obligatorischen Verbindlichkeit eine erweiterte strengere Vertretungspflicht für die Zeit des Verzuges. Er hat alsdann bei Verringerungen durch ordnungsmäßigen Gebrauch nicht die Befugnisse eines Miethers, er haftet vielmehr für geringes Versehen, trägt den Zufall und darf auch Verbesserungen, die er seitdem gemacht, nur wegnehmen.[17])

Soweit der Miether nach Ablauf des Termins den Besitz der Sache und damit deren Gebrauch kontraktwidrig ganze Quartale hindurch fortgesetzt

---

[11]) Striethorst's Archiv Bd. 66 S. 1.

[12]) Striethorst's Archiv Bd. 28 S. 162.

[13]) Durch besondere Zusage kann er allerdings auch geringes Versehen oder die Gefahr des Zufalles übernehmen.

[14]) §§ 278 und 279 Thl. I. Tit. 21.

[15]) §§ 13 und 14 ibid.

[16]) §§ 332 und 333 l. c.

[17]) §§ 238 und 223 Thl. I. Tit. 7.

hat, muß er für diese Quartale den Zins nach der kontraktlichen Abrede entrichten.[18])

Muß er auf Verlangen des Vermiethers den Besitz während des Laufs eines Quartals räumen, so kann ihm zwar für die Zwischenzeit von dem Anfange des Quartals kein Zins abgefordert werden,[19]) er ist indeß hiermit nicht etwa von aller Verbindlichkeit befreit und hat nicht etwa aus dem rechtswidrig vorenthaltenen Besitz noch den Gewinn, ein beinahe ganz verflossenes Quartal umsonst zu wohnen, er muß vielmehr dem Vermiether das gewöhnliche erweisliche Interesse erstatten, welches höher aber auch geringer sein kann, als der frühere Miethszins.

Die Erben des Miethers haben dieselben Verbindlichkeiten, so lange sie in dem Miethsverhältniß bleiben, wozu sie nur noch ein halbes Jahr lang von dem Ablauf desjenigen Quartals, in welchem der Tod erfolgt ist, verbunden sind.[20])

Eine Singularsuccession in die Rechte des Miethers d. h. eine Cession des Miethsrechts ist ohne des Vermiethers Einwilligung unstatthaft.[21])

Der Miether ist also nicht befugt, einem Anderen das Miethsrecht ganz oder zum Theil gegen Entgelt oder unentgeltlich abzutreten. Ebensowenig darf er Jemanden für Geld bei sich aufnehmen[22]) und darf nur unentgeltlich einen Anderen in seine Wohnung aus Gefälligkeit oder Freundschaft aufnehmen, dagegen ihm selbst einen bestimmten Wohnungstheil, bestimmte Zimmer zum ausschließlichen Gebrauch überlassen, weil damit das Gebrauchsrecht selbst nicht abgetreten ist,[23]) was nur verboten.[24])

Den ohne seine Einwilligung angenommenen Aftermiether kann Vermiether zu jeder Zeit ausweisen[25]) und selbst bei ertheilter Einwilligung in

---

[18]) Der durch ein ganzes Quartal hindurch fortgesetzte Besitz soll in Ansehung der Entschädigung für den vorenthaltenen Gebrauch als eine verlängerte Miethe angesehen werden.

§ 335 Thl. I. Tit. 21.

[19]) § 334 ibid.

[20]) § 371 ibid.

[21]) Im Widerspruch mit dem römischen Recht und als Grundsatz erst durch die revisio monitorum adoptirt. Conf. Bornemann a. a. Orte S. 473 ff.

[22]) Striethorst's Archiv Bd. 24 S. 18 Nr. 4a.

[23]) Koch's Kommentar Note 45 zu § 310 d. Tit. und Recht der Ford. Bd. 3 S. 904.

[24]) §§ 309 und 310 Thl. I. Tit. 21.

[25]) § 315 ibid.

die Ueberlassung des dem Miether eingeräumten Gebrauchs an einen bestimmten Anderen, bezüglich deren keine besondere Form vorgeschrieben,[26]) wird das zwischen dem Vermiether und Miether bestehende Vertragsverhältniß überall nicht, weder unmittelbar noch mittelbar, berührt. Dem Vermiether gegenüber ist vielmehr der angenommene Untermiether als eine dritte Person zu betrachten, mit welcher er in ein besonderes Rechtsverhältniß nicht tritt.

Ihm bleibt für den ganzen Zins der Hauptmiether verhaftet, der die Beschädigungen des Aftermiethers, wie dieser selbst ihm gegenüber zu vertreten hat.[27])

Die Unwirksamkeit der nicht consentirten Aftermiethe besteht nur dem Hauptvermiether gegenüber, während unter den Contrahenten deren Verhältniß nach dem zwischen ihnen geschlossenen Vertrage sich richtet,[28]) das Aftergeschäft bindend bleibt und erfüllt werden muß, so lange sich der Vermiether ruhig verhält.

Der Untervermiether hat die Rechte und Pflichten eines Vermiethers; er ist Gläubiger des schuldigen Zinses, den der Untermiether versprochen. Sein Hauptvermiether darf sich an diesen Zins nur im Arrestwege halten; will er ihn einziehen, so muß er sich zu diesem Behufe den Zinsanspruch

---

[26]) Entsch. des Ober-Trib. (Bd. 28 S. 102)), Präj. 2029 (Samml. 1. S. 125), Entsch. Bd. 25 S. 388 und Striethorst's Archiv Bd. 13 S. 341. Denn es liegt darin nur eine einseitige Willenserklärung, deren rechtliche Wirkung und Folgen nach den in den §§ 94 und 95 Thl. I. Tit. 4 gegebenen Vorschriften zu beurtheilen sind. Nach diesen Vorschriften ist aber jede Willensäußerung giltig, bei welcher die in den §§ 2 bis 4 ibid. vorgeschriebenen Erfordernisse anzutreffen sind, insofern nicht die Gesetze eine bestimmte Form vorgeschrieben haben. Eine solche Form, namentlich, daß die Einwilligung des Vermiethers schriftlich ertheilt werden müßte, ist nun aber nirgends vorgeschrieben. Das Gegentheil, und daß es der schriftlichen Form nicht bedarf, folgt schon daraus, daß die Entsetzung des Untermiethers nur dann gefordert werden darf, wenn derselbe eigenmächtig und unbefugt angenommen ist, da von einer Eigenmächtigkeit nicht die Rede sein kann, wenn Vermiether seine Einwilligung, obschon nur mündlich, ertheilt hat.

Dagegen ist bei dem Vorhandensein eines schriftlichen Vertrages, welcher von der Befugniß des Miethers, beliebig die gemiethete Wohnung einem Anderen zu überlassen, nichts enthält, die bloß mündlich erfolgte Abrede, daß dem Miether diese Befugniß zustehen solle, von keiner rechtlichen Wirkung, da diese Abrede eine Abänderung der Naturalien eines Miethsvertrages betrifft und daher nothwendig Bestandtheil des schriftlichen Abkommens sein muß.

[27]) §§ 316 und 317 Thl. I. Tit. 21.

[28]) Striethorsts Archiv Bd. 25 S. 227.

[29]) Ibid.

des Hauptmiethers im Wege der Exekution cediren lassen.[30]) Die dem Hauptmiether ertheilte Einwilligung erzeugt auch kein Vertrags-Verhältniß zwischen dem Vermiether und dem Aftermiether.[31]) Nur wenn der Vermiether dem zwischen Miether und Aftermiether errichteten Vertrage ausdrücklich beigetreten, so ist er als Contrahent dem Aftermiether gegenüber an den Kontrakt gebunden und es tritt, wenn der Hauptmiethsvertrag, sei es aus welchem Grunde, sich erledigt, ein unmittelbares Rechtsverhältniß zwischen ihm und dem Aftermiether ein, in Folge dessen beide wechselseitig zur Erfüllung nach Inhalt des Vertrages verbunden sind.[32])

Als Nebenverbindlichkeit hat der Miether auf Grund einer Verabredung oder im Falle des Verzuges[33]) Zinsen vom Zinse zu entrichten, die Sache zu ersetzen, wenn sie der Miether mindestens in Folge eines zu vertretenden Versehens nicht zurückgeben kann, den aus gleicher Ursache hervorgegangenen Schaden daran zu vergüten, mag er durch mangelhafte Bewahrung der Sache oder durch Ueberschreiten im Gebrauch derselben entstanden sein, sowie für schuldbare Verringerungen und ausbedungene, aber unterlassene Verbesserungen einzustehen.

Immer macht ihn indeß, wie vorhin bemerkt, erst ein mäßiges Versehen verbindlich. Eine bloße Nachlässigkeit des Miethers erzeugt für ihn also keine Verantwortlichkeit.

Fünfter Abschnitt.

Endigung des Rechtsverhältnisses.

a) Mit Ablauf der Zeit oder Erreichung des Zwecks.

Die Auflösung der Miethe geschieht,[1]) abgesehen von dem Untergange der Sache, der den Vertrag aufhebt, sowie abgesehen von dem Eintritt besonderer für Aufhebung des Miethsvertrages resp. den Rücktritt von dem-

---

[30]) Gesetz vom 4. Juli 1822.

[31]) §§ 316 und 318 Thl. I. Tit. 21 und Entsch. des Ober-Trib. (Bd. 26 S. 103).

[32]) § 322 ibid. und Striethorst's Archiv Bd. 52 S. 1.

[33]) §§ 64 und 71 Thl. I. Tit. 16.

[1]) Niemals während des Besitzes durch Verjährung, quod nemo sibi causam possessionis mutare potest.

selben verabredeter Bedingungen,[2]) von selbst und zwar zunächst mit Ablauf der von den Parteien begrenzten Zeit.

In diesem Falle geht die Miethe mit dem festgesetzten Termine zu Ende, ohne daß es einer besonderen Aufkündigung bedarf.

Ein bis zur Volljährigkeit des Vermiethers geschlossener Miethsvertrag dauert bis zu dessen vollendetem 24sten Lebensjahre, wenn gleich vorher die Großjährigkeitserklärung erfolgt ist.[3])

Ist die Zeit durch den Eintritt eines ungewissen Ereignisses[4]) bestimmt gewesen, so endigt mit dem Eintritt desselben das Verhältniß dergestalt, daß dem Miether noch eine verhältnißmäßige, im Zweifel nach der gesetzlichen Aufkündigungsfrist zu berechnende Zeit zur Räumung gestattet werden muß.

War zu einem ausdrücklich bedungenen oder klar aus den Umständen oder der bekannt gewordenen Absicht des Miethers zu folgernden Zwecke die Miethe geschehen, so endigt dieselbe mit dem erreichten Zwecke des Miethers.

In dieser Beziehung gilt, wenn Studirende eine Wohnung, Stallung oder ein anderes Gelaß gemiethet und entweder einen schriftlichen Vertrag nicht errichtet oder darin die Miethszeit nicht bestimmt haben, als gesetzliche Präsumtion, daß der Miethsvertrag von Ostern bis Michaelis oder von Michaelis bis Ostern geschlossen worden sei und daß, wenn der Miethsvertrag im Johannis- oder Weihnachtsquartal seinen Anfang nehmen sollte, derselbe bis zum nächstfolgenden Michaelis- oder Oster-Termine bestehe.[5])

---

[2]) z. B., wenn festgesetzt worden, daß, wenn die Entrichtung der Miethe zur bestimmten Zeit nicht prompt erfolge, der Miethsvertrag seine Kraft verlieren solle, und der Miether seine Wohnung sofort räumen müsse.

Verlangt Vermiether alsdann nicht sofortige Räumung, sondern kündigt erst später, so überschreitet er dennoch nicht seine kontraktlichen Rechte, vielmehr übt er sie nicht in ihrem vollen Umfange aus und läßt dem Miether eine Nachsicht zu Theil werden, von der keinen Gebrauch zu machen ihm unbenommen blieb. (Striethorst's Archiv Bd. 4 S. 233.)

[3]) § 339 Thl. I. Tit. 21; nach dem mit dem 1. Juli 1870 in Kraft tretenden Gesetz vom 9. December 1869 (Ges.-Samml. pro 1869 Stück 69) für die von da ab geschlossenen Miethsverträge bis zum vollendeten einundzwanzigsten Lebensjahre des Vermiethers, womit die Großjährigkeit nunmehr früher eintritt.

[4]) Unzuläßig ist es nur, die Beendigung des Miethsverhältnisses, in dessen Wesen die zeitliche Beschränkung liegt, von einem Ereigniß abhängig zu machen, von welchem nicht bloß ungewiß ist, wann, sondern auch ob es eintreten wird. Conf. Förster's Priv. Recht Bd. 2 S. 193.

[5]) Anh. § 145 in Thl. II. Tit. 12.

b) Nach vorangegangener Aufkündigung bei nicht bestimmter Dauer.

Ist in dem Vertrage die Dauer der Miethszeit überhaupt nicht vereinbart, so muß derjenige, welcher von dem Vertrage wieder abgehen will, dem Andern zur gehörigen Zeit kündigen[6]) d. h. deutlich anzeigen, daß mit Ablauf des Ziels der Miethsvertrag aufgehoben sein solle. Eine bloße Andeutung und Mittheilung des Vermiethers über seine demnächstigen Absichten verpflichtet in keiner Weise weder den Miether zum Auszuge noch den Mittheilenden zum Ziehenlassen.

Wenn im Vertrage zwar keine Dauer, aber doch der Betrag der Miethe nach einem gewissen Zeitraume z. B. monatlich, jährlich u. s. w. abgemessen worden, so kann der Vermiether durch eine frühere Aufkündigung den Miether in dem Laufe eines solchen Zeitraumes z. B. im Laufe des Monats oder Jahres seines Besitzes nicht entsetzen.[7])

Bei Miethungen unbeweglicher Sachen muß die Aufkündigung[8]) in den ersten drei Tagen desjenigen Quartals erfolgen, mit dessen Ablauf der Besitz geräumt werden soll.[9])

Bei monatsweise gemietheten Wohnungen soll, wenn nicht ein Anderes ausdrücklich verabredet worden, die Aufkündigung spätestens am fünfzehnten Tage des laufenden Monats, für dessen Dauer der Betrag des monatlichen Miethzinses bestimmt ist, geschehen.[10])

Bei Miethungen beweglicher Sachen ist, wenn im Vertrage keine Dauer angegeben und der Betrag der Miethe nicht nach einem gewissen Zeitraume bemessen ist, eine Aufkündigung von 24 Stunden hinreichend.[11])

Ist in dem Vertrage eine besondere Kündigungsfrist gesetzt, so muß dieselbe, um wirksam zu sein, von Mittheilung der Kündigung an noch vollständig übrig bleiben.[12])

---

[6]) § 340 Thl. I. Tit. 21; hierzu bedarf ein Konkursverwalter der Genehmigung oder Ermächtigung des Verwaltungsraths oder des gerichtlichen Kommissars nicht. Striethorst's Archiv Bd. 52 S. 85.

[7]) § 341 Thl. I. Tit. 21.

[8]) Die Kündigung ist ein modernes Institut und erst aus einem geringen Anhalt des römischen Rechts (lex 4 Dig. XIX., 2) im gemeinen Recht weiter entwickelt.

[9]) § 344 Thl. I. Tit. 21.

[10]) Verordnung vom 9. Januar 1812 (Ges.-Samml. S. 4).

[11]) § 345 Thl. I. Tit. 21.

[12]) Mathis, juristische Monatsschrift Bd. 1. S. 433 ff. Sind also z. B. drei

Eine Kündigung steht an sich jedem Theile frei. Mehre gemeinschaftlich Berechtigte müssen auch gemeinschaftlich kündigen. Der einzelne von ihnen darf es nur, von den Anderen bevollmächtigt oder auf Grund der vermutheten Vollmacht alsdann, wenn er für sich und zugleich als Bevollmächtigter der übrigen auftritt und der Fall keinen Aufschub leidet.[13]) Um einen solchen annehmen zu können, wird deshalb immer erst festzustellen sein, daß, als die fragliche Kündigung erfolgte, wirklich alle Vermiether resp. Miether oder doch die Mehrzahl von ihnen mit der Kündigung einverstanden, aber nicht in der Lage gewesen, dieselbe noch rechtzeitig zu bewirken, was offenbar demjenigen nachzuweisen obliegt, welcher sich auf das Vorhandensein eines solchen Falles beruft. — An eine Form ist die Kündigung nicht geknüpft.[14])

Nothwendig ist es daher nicht, daß sie schriftlich geschehe, hinreichend vielmehr, daß sie zur Kenntniß und Wissenschaft des anderen Theils wirklich gelangt sei, was auf andere Art erwiesen werden kann.

Widerspricht dann der Gegentheil[15]) der gehörig[16]) geschehenen Kündigung

---

Monate vor Ablauf des Vertrages als Frist festgestellt, so muß die Kündigung spätestens an dem Tage vor Beginn der bestimmten drei Monate erfolgen.

[13]) § 450 Th. I. Tit. 5; 52 Thl. I. Tit. 17 und Rechtsf. Bd. 1 S. 193.

[14]) § 348 Thl. I. Tit. 21.

[15]) § 349 ibid.; daß diese Vorschrift sich nur auf § 340 l. c. und nicht auf den entfernteren Fall des § 324 ibid., wie Bornemann a. a. O. S. 486 annimmt, bezieht, ergiebt klar seine ausschließliche Stellung in dem Abschnitt von § 340 — also, wenn die Dauer im Kontrakt nicht bestimmt ist, — eine Auffassung, welche von dem Ober-Tribunale im Plenarbeschluß vom 6. März 1848 (Just. Minist. Bl. pro 1848 S. 145 und 146) getheilt wird.

[16]) Das Wort „gehörig" in § 349 l. c. ist ausweislich der von Bornemann (a. a. O. S. 305 ff.) aus den Materialien mitgetheilten Entstehungsgeschichte nunmehr, nachdem man anfänglich beabsichtigt, für die Kündigung eine schriftliche Form vorzuschreiben, was später wieder aufgehoben worden, offenbar nur mit Bezug auf die äußeren Erfordernisse der Kündigung beigefügt und damit angedeutet, daß, wenn bewiesen wird, daß die Kündigung wirklich zur Wissenschaft des Gegentheils gelangt ist und dieser nicht rechtzeitig widerspricht, alsdann die Mängel, welche der juristischen Thatsache der Kündigung anhaften, und in ihr gerügt werden könnten, z. B. daß sie zu spät erfolgt oder wieder zurückgenommen sei, daß sie ein unlegitimirter Bote des Vermiethers bestellt habe, daß sie nicht an den Gegentheil selbst und unmittelbar bestellt worden sei oder einer in die Stelle des ursprünglichen Kontrakts getretenen neueren Abrede widerstrebe, für durchaus gehoben und die Kündigung als unumstößlich thatsächlich geschehen zu erachten.

Koch's Kommentar Anm. 70 zu § 349 des Tit.

Es bleibt dabei ganz dahin gestellt, ob jene festgestellte Thatsache rechtliche

nicht innerhalb acht Tagen, nachdem sie ihm bekannt geworden, so sind ihm Einwendungen gegen die Zulässigkeit der Kündigung abgeschnitten, da angenommen wird, daß er sich dieselbe habe gefallen lassen.

c) Rücktritt ohne Kündigung resp. Kündigung innerhalb der Vertragszeit.

Aus verschiedenen Gründen kann aber auch innerhalb der bedungenen Zeit ausnahmsweise ein Rücktritt von dem Vertrage ohne Kündigung erfolgen oder ein Theil dem anderen kündigen.

Es darf ohne Weiteres zurücktreten: Zunächst der Miether, wenn die Sache vor der Uebergabe freiwillig und ohne seine Zuziehung an einen Dritten veräußert wird,[17]) freilich, ohne alsdann Schadloshaltung zu erlangen, weil der Besitznachfolger des Vermiethers hätte erfüllen können.

Ebenso derselbe, sobald die gemiethete Sache zu dem in Aussicht genommenen Gebrauche ganz oder doch größtentheils ohne sein Verschulden sich untüchtig zeigt[18]) und dadurch ihre Brauchbarkeit in erheblichem Maße beeinträchtigt wird,[19]) insbesondere also, wenn eine gemiethete Wohnung in Folge von Feuchtigkeit, Schadhaftigkeit der Oefen, Fenster, Thüren, Dielen

---

Wirkungen hat, was nur dann der Fall, sobald eine vertragsmäßige oder gesetzliche Befugniß hierzu vorhanden war.

Conf. Plenarbeschluß des Ober-Trib. in Anm. 15 dieses Abschn.

Einen anderen Sinn kann das beigefügte Wort „gehörig" nicht haben. Auf die Form kann es sich nicht beziehen, da eine besondere nicht vorgeschrieben, auf die Fristen gleichfalls nicht, da eine zu späte Kündigung überhaupt keine Wirkung äußert und endlich ohne rechtliche Zulässigkeit die Handlung eine vertragswidrige wäre, der unmöglich zum Nachtheile für Treue und Glauben das Gesetz noch dadurch hat Geltung verschaffen wollen, daß ihr binnen einer ganz ungewöhnlich kurzen Frist nicht widersprochen wird.

[17]) §§ 361 und 362 Thl. I. Tit. 21.

[18]) Die Unbrauchbarkeit ist stets nach Maßgabe des Vertrages und der dabei obwaltenden Umstände zu beurtheilen. Es braucht eine Wohnung nicht absolut unbrauchbar zum Wohnen zu sein, um annehmen zu können, daß sie nach den Verhältnissen des Miethers und nach dessen Willensmeinung bei dem Vertragsabschluß für denselben unbrauchbar sei.

(Striethorst's Archiv Bd. 5 S. 81 Nr. 17.)

[19]) §§ 383 und 384 Thl. I. Tit. 21. Es beruht darin auf einer Ungenauigkeit des Ausdrucks, wenn von einem Rücktritt des Miethers Rede ist. Es endet vielmehr der Vertrag auf Seite des Vermiethers, der mit Gewährung einer tauglichen Sache aufhört und womit eine Gegenleistung von selbst fällt.

oder dergleichen gesundheitsgefährlich geworden ist, sollte auch die Ursache schon vor dem Beginn der Kontraktszeit bestanden haben.[20])

Sodann beide Theile, wenn an der gemietheten Sache eine durchgreifende Reparatur, an einem Gebäude ein nothwendiger Hauptbau[21]) vorfällt, der bei fortdauerndem Gebrauche und Besitz des Miethers nicht vorgenommen und ausgeführt werden kann,[22]) während die Nothwendigkeit eine baldige Räumung gebietet[23]) und endlich der Vermiether allein wegen Mißbrauchs der gemietheten Sache Seitens des Miethers oder des eigenmächtig angenommenen Untermiethers.[24]) Mißbrauch liegt nicht nur vor, wenn der Miether das Miethsobjekt so übel und ungebührlich hält, daß dessen Verschlechterung offen zu Tage liegt oder aus dem Gebrauch der Sache nach richterlichem Ermessen eine erhebliche Beschädigung ihrer Substanz mit Grunde zu besorgen (also, wenn der Miether eines Hauses die Stiegen verbrennt,[25]) sondern schon dann, wenn die Sache zu einem anderen, als dem vertragsmäßigen Gebrauche verwendet wird,[26]) sollte sogar ein schädlicher Erfolg nicht einmal zu besorgen sein und durch den Miether der Schaden ersetzt werden können.[27])

---

[20]) Archiv für Rechtsf. Bd. 24 S. 259, Bd. 28 S. 343 und Entsch. des Ober-Trib. Bd. 39 S. 163.

[21]) Ein recht unbestimmter Ausdruck, der es im einzelnen Falle bei widersprechenden Gutachten von Sachverständigen leicht zweifelhaft sein läßt, ob ein solcher Hauptbau vorliege!

[22]) § 363 Thl. I. Tit. 21 und Simon und v. Strampff's Entsch. Bd. 3 S. 18. Der Ausdruck „Räumung," „räumen" bedeutet nicht etwa nur ein interimistisches Verlassen der Lokalitäten für die Dauer des Baues, er ist vielmehr, wie in den §§ 351, 352 und 353 Thl. I. Tit. 21 gebraucht, in welchen Stellen kein Zweifel darüber obwaltet, daß darunter die definitive Beendigung des Miethskontrakts verstanden worden ist.

Eine Kündigung ist nicht nothwendig, weil eben die Erfüllung des Kontrakts von selbst unmöglich geworden, zumal ein Hauptbau stets wesentliche Veränderungen des vermietheten Gegenstandes herbeiführt.

[23]) Da Aufhebungsgrund der Zufall ist, wodurch die Unmöglichkeit herbeigeführt wird, gerade für die bestimmte Zeit den ununterbrochenen Gebrauch der Wohnung zu gewähren, so wird nach § 364 Thl. I. Tit. 5 das Verhältniß gänzlich gelöst, entgegen der gemeinrechtlichen, nicht vollkommen der Billigkeit entsprechenden Lehre, daß der Miether nach vollendetem Ausbau die Wiedereinräumung der Wohnung auf den Ueberrest der Miethszeit fordern dürfe.

(Glück, Erläuter. Bd. 17 S. 380 und 381.)

[24]) Striethorst's Archiv Bd. 23 S. 28.

[25]) Wie das preußische Landrecht von 1721 Bd. IV. Tit. 8 Art. 2 § 6 beispielsweise anführt.

[26]) § 387 Thl. I. Tit. 21.

[27]) Entsch. des Ober-Trib. Bd. 7 S. 147.

Er liegt jedoch nicht vor in der bloßen Tapezierung der Zimmer einer Wohnung, sollte selbst dem Miether vertragsmäßig untersagt sein, ohne Bewilligung des Vermiethers Veränderungen in der gemietheten Localität vorzunehmen.[28])

Dagegen bieten noch innerhalb der Vertragszeit folgende Umstände rechtmäßige Gründe zur Kündigung:

Es muß sich vor allem der Miether eine Aufkündigung gefallen lassen, wenn eine nothwendige gerichtliche Veräußerung, im Konkurse des Vermiethers sogar, wenn eine freiwillige Veräußerung der vermietheten Sache eintritt.[29])

Er ist jedoch erst nach Ablauf desjenigen Quartals, in welchem der Verkauf geschehen, zu räumen schuldig, wenn er nicht etwa selbst die Miethe schon mit Ablauf desjenigen Quartals, in welchem der Zuschlag erfolgt, aufgeben will, was ihm nicht gewehrt wird.[30]) Es berechtigt ferner die verweigerte Erfüllung des einen Theils und zwar sowohl im Stadium vor, als auch im Stadium nach der Uebergabe den anderen Theil in gesetzlicher Frist zu kündigen.[31])

Tritt Streit ein und ist bereits übergeben, so darf nur nicht ein Rücktritt auf Grund des ersten günstigen Erkenntnisses[32]) die rechtliche Erörterung über die Erheblichkeit der Weigerung abschneiden.[33])

Bis zur Auflösung wird für die Zeit, während welcher die Miethe gedauert hat, das Verhältniß ganz nach Inhalt des Vertrages beurtheilt.[34])

So ist ferner, wenn die Vermiether nur auf Lebenszeit oder nur auf

---

[28]) Striethorst's Archiv Bd. 21 S. 1 Nr. 1.

[29]) § 350 Thl. I. Tit. 21 und § 18 der Konkursordnung vom 8. Mai 1855. Aus ersterem steht nicht etwa das Kündigungsrecht nur der Gesammtheit der Hypothekengläubiger des zur Subhastation gestellten Grundstücks, sondern jedem einzelnen Hypothekengläubiger für sich zu, da die Concurrenz und Rangordnung der Gläubiger nur auf das Maß ihrer Befriedigung aus den etwa nicht ausreichenden Kaufgeldern oder Revenüen des Grundstücks von Einfluß ist, im übrigen aber das Pfandrecht jedes Einzelnen dieser Gläubiger ganz gleich validirt und den Gegenstand mit ganz gleicher Stärke afficirt. Entsch. des Ober-Trib. Bd. 46. S. 149.

Dem Miether giebt die nothwendige Veräußerung kein Kündigungsrecht.

[30]) §§ 353 und 354 Thl. I. Tit. 21.

[31]) §§ 391 und 393 ibid.

[32]) Ueber denselben siehe meine Abhandlung in Hinschius, Zeitschrift für Gesetzgebung und Rechtspflege pro 1869 S. 343 ff.

[33]) § 392 Thl. I. Tit. 21.

[34]) § 394 ibid.

eine andere bestimmte Zeit[35]) über die Sache zu verfügen berechtigt war, sein Rechtsnachfolger nicht an den Vertrag gebunden.[36]) Er muß jedoch kündigen und dem Miether die gesetzmäßige Frist zur Bewerbung um ein anderweites Unterkommen belassen.[37])

So darf weiter bei dem Tode des Miethers[38]) der Vermiether das Abkommen vor Ablauf der Zeit lösen und ist nur gehalten, in den ersten drei Tagen desjenigen Quartals zu kündigen, mit dessen Ablauf geräumt werden soll.[39])

Der Tod eines von mehren Miethern bewirkt wegen der obwaltenden Solidarität in ihren Rechten und Pflichten keine Aenderung.[40])

Die Erben des Miethers, wenn nicht ausdrücklich der Vertrag für sie mitgeschlossen,[41]) sind gleichfalls nicht zur vereinbarten Fortdauer des Verhältnisses verbunden.[42]) Ihnen steht vielmehr binnen gleicher Frist, wie dem Vermiether die Kündigung offen,[43]) bei deren Ausübung sie nur nach sechs

---

[35]) wie der Ehemann, so lange sein Nießbrauch dauert, oder ein Geistlicher, so lange das Nutzungsrecht an seiner Pfründe besteht.

[36]) § 388 Thl. I. Tit. 21 nach der Regel resolvitur jus accipientis resoluto jure dantis, die in § 33 Thl. I. Tit. 19 niedergelegt ist.

[37]) § 389 Thl. I. Tit. 21 und Entsch. des Ober-Trib. Bd. 35 S. 74.

[38]) Durch den Tod des Vermiethers wird in den Befugnissen und Obliegenheiten des Miethers nichts geändert. § 375 Thl. I. Tit. 21.

[39]) § 373 l. c., da nach der Auffassung der Redactoren bei Abschluß der Miethe Rücksicht auf die Person des Miethers genommen wird und insbesondere maßgebend, ob derselbe ein ordentlicher und sorgfältiger Wirth oder sorglos und liederlich ist und ob er eine stille und regelmäßige oder eine unruhige und geräuschvolle Lebensart führt. (Suarez in seinen Schlußvorträgen ad § 371 des Tit. Jahrbücher Bd. 41 S. 67.)

[40]) § 374 ibid.

[41]) Simon Rechtssp. Bd. I. S. 198.

[42]) Sie sind nach der Auffassung der Redactoren nur selten in der Lage und den Verhältnissen, von der gemietheten Wohnung eben den Gebrauch, wie der Erblasser zu machen.

(Suarez a. a. O.)

[43]) Der Vertrag endet nicht ipso jure durch den Tod (Suarez a. a. O. und Entsch. des Ober-Trib. Bd. 15 S. 35. Plen. Beschl.). Denn, abgesehen davon, daß die Erben ihre Absicht, an den Vertrag nicht länger gebunden sein zu wollen, kundgeben müssen und daß bei lästigen Verträgen die Gegenseitigkeit und Gleichheit der Rechte und Verbindlichkeiten zu vermuthen, geht aus den Materialien (Jahrb. a. a. O.) mit Sicherheit hervor, daß die §§ 366 und 373 Thl. I. Tit. 21 miteinander in genauestem Zusammenhange stehen und daß in Beziehung auf die Befugniß der Kontrahenten zum Rücktritt von dem Mieths- und Pachtverhältniß im Wesentlichen hat Gleiches vorgeschrieben werden sollen, nur mit der Modification des § 366 ibid. für die Pacht und § 371 l. c. für die Miethe. Demgemäß sollen aber auch die §§ 371

Monat nach Ablauf des Quartals, in welchem der Erblasser gestorben, den Vertrag halten müssen.[44])

Ist das Kündigungsrecht in diesen bestimmten Fristen nicht ausgeübt, so ist es beiderseits verloren.[45])

War der Miether verheirathet gewesen und hatte seine Frau sich in dem Vertrage förmlich verbindlich gemacht, so steht ihr dennoch materiell der Einwand zur Seite, daß durch den Todesfall in ihren Umständen eine solche Veränderung vorgefallen, vermöge welcher ihr aus der Fortsetzung des Kontrakts ein erheblicher Nachtheil entstehen würde.[46])

Ferner aber berechtigen, während Veränderungen in der Person oder den Umständen des Vermiethers gleichgiltig[47]) sind, nicht freiwillig herbeigeführte gleiche Veränderungen, wozu der Verfall in Konkurs zu zählen, den

---

und 373 l. c. für die Erben des Miethers und für den Vermiether nichts Anderes festsetzen, als was die §§ 366, 367 und 369 ibid. hinsichtlich der Erben des Pächters und hinsichtlich des Verpächters bestimmt haben. Diesen ist aber in §§ 367 und 369 eine Kündigung ausdrücklich zur Pflicht gemacht, damit, wie Suarez bezweckt, kein Theil den andern Theil übereile, was vereitelt würde, sobald man den Erben des Miethers die Befugniß einräumte, noch am letzten Tage der Frist zu kündigen oder gar ohne jede Erklärung die Wohnung zu verlassen. Striethorst's Archiv Bd. 66 S. 169.

[44]) § 371 Thl. I. Tit. 21.

[45]) Plen. Beschl. des Ober-Trib. Präj. 1888 Entsch. Bd. 15 S. 35, weil alsdann anzunehmen, daß durch den Tod des Miethers weder für dessen Erben, noch für den Vermiether eine solche Veränderung eingetreten sei, welche die erzwungene Fortsetzung unbillig machen würde.

[46]) § 372 Thl. I. Tit. 21. Der Wortlaut dieser Vorschrift steht allerdings mit den in den §§ 232 und 233 Thl. I. Tit. 14 ausgesprochenen, allgemeinen Grundsätzen über Haftbarkeit der Ehefrauen für Verbindlichkeiten ihrer Ehemänner in unversöhnbarem, auch aus den Materialien nicht zu lösenden Widerspruch. Denn die Gewährung der Wohnung gehört zur Gewährung des Unterhaltes, welche bezüglich der Ehefrau dem Manne nach §§ 185 und 186 Thl. II. Tit. 1 als unbedingte Pflicht obliegt. Eine für die eheliche Gemeinschaft nothwendige Wohnung zu beschaffen, ist also lediglich Sache des Mannes. Schließt die Ehefrau den Miethsvertrag mit ab, so betheiligt sie sich an einem fremden Geschäft und vollzieht für ihren Theil eine Intercession, die nicht durch bloße Mitunterschrift des Miethskontrakts, sondern nur durch die Beobachtung der besonderen gerichtlichen Form giltig vollzogen wird. Soll daher die Vorschrift überhaupt einen Sinn haben — und in dubio ist sie so zu deuten, daß sie nicht ohne alle Wirkung bleibt (§ 74 Thl. I. Tit. 4), so kann sie nur auf den Fall bezogen werden, wo die Ehefrau wirklich und rechtsgiltig Mitmietherin geworden.

(Koch's Kommentar Note 87 zu § 372 d. Tit., Entsch. des Ober-Trib. Bd. 26 S. 273 und Striethorst's Archiv Bd. 11 S. 337.)

[47]) § 386 Thl. I. Tit. 21 und abweichend von dem römischen Recht.

Miether, welcher dadurch außer Stand gesetzt ist, von der gemietheten unbeweglichen Sache ferner Gebrauch zu machen, von dem Vertrage abzugehen.[48])

Durch eine solche Veränderung in der Person oder in den Umständen des Miethers wird der Miethsvertrag aber ebenfalls nicht von selbst und ohne Weiteres aufgehoben, der Miether ist vielmehr nur berechtigt, aus dem Rechtsverhältniß zu scheiden; er muß von dieser Berechtigung auch Gebrauch machen und seine Absicht dem Vermiether zu erkennen geben.[49])

Der Rücktritt aus diesem Grunde ist jedoch dem Miether nicht ohne alle und jede Schadloshaltung gestattet, er soll im Gegentheil sich nur gegen Vergütung eines halbjährigen Zinses, von dem Ablauf des Quartals, in welchem die Aufkündigung erfolgt ist, an gerechnet, seiner Vertragspflichten entledigen dürfen.

Der Miether muß also, wie die Materialien deutlich ergeben, für das Quartal, in welchem die Kündigung erfolgt ist und die beiden folgenden Quartale Zins bezahlen, wenn er nicht vorzieht, sich von dieser Verbindlichkeit durch Stellung eines annehmbaren Untermiethers zu befreien.[50])

Es wird immer nur eine unfreiwillige Veränderung des Miethers, d. h. eine solche beachtet, die, wenngleich nicht wider, doch ohne seinen Willen eingetreten.

Hierzu ist deshalb ein Fall nicht zu rechnen, wenn dem Miether eines Hauses eine anderes durch letztwillige Verfügung unter der Bedingung zufällt, solches sofort zu beziehen und zu bewohnen,[51]) weil die Annahme der bedingten Erbschaft lediglich von dem freien Willen des Miethers abhängt, wenngleich die in Aussicht stehenden pecuniären Vortheile ein erhebliches Motiv bilden mögen.

Es ist ebenso jene Ausnahme nicht auf den Fall auszudehnen, wenn

---

[48]) § 376 ibid. und § 18 der Konkursordnung vom 8. Mai 1855 als billige Anwendung der clausula rebus sic stantibus.

[49]) Dies ergiebt theils der Wortlaut des § 376 Thl. I. Tit. 21, theils der Gegensatz im § 386 ibid., wonach wegen veränderter Umstände in der Person des Vermiethers vor Ablauf der kontraktmäßigen Zeit keine Kündigung stattfindet.

[50]) § 377 l. c. und Striethorst's Archiv Bd. 69 S. 365; hierdurch tritt der Untermiether dergestalt in die Stelle des Hauptmiethers, daß der letztere von seinen gesammten Verpflichtungen aus dem Miethsvertrage frei wird und nicht für den angenommenen Untermiether verhaftet ist.

[51]) was Graevell (Nießbrauch, Miethe und Pacht S. 204) und Bielitz (Kommentar Bd. 4 S. 551) annimmt, da dem Miether weder zugemuthet werden könne, die Erbschaft auszuschlagen, noch zwei Wohnungen zu behalten.

ein Beamter seine Versetzung nachsucht und herbeiführt, weil auch hier sein freier Wille Grund der Veränderung ist, obwohl die vorgesetzte Behörde die Versetzung ihrerseits ausspricht[52]) und ebensowenig eine unfreiwillige Veränderung darin zu finden, wenn ein Beamter, sobald er ausschlagen darf, die ihm angebotene Versetzung angenommen hat, weil er auch dann immerhin nicht ohne, sondern mit seinem Willen versetzt ist.[53])

Begünstigter noch sind diejenigen Personen, welche mit den Truppen in's Feld rücken müssen, wenn Ordre zum Ausmarsch „in's Feld, zum Kriege" gegeben ist. Sie sind schon, da Niemand von ihnen willkürlich zurückbleiben darf, an ihren Miethsvertrag nur bis zum Ablauf desjenigen Quartals gebunden, in welchem der Ausmarsch erfolgt.[54])

Nothwendig ist es dabei gar nicht, daß der Krieg wirklich zum Ausbruch gekommen, wenn nur die Abberufung der Truppen aus ihrer Garnisonstadt aus Anlaß oder zum Zweck eines erklärten oder bevorstehenden Krieges geschehen ist.

Will sich der Miether bei diesen Veränderungen von jeder Vergütung befreien, so darf er nur, wie oben bemerkt, um ganz auszuscheiden, einen Untermiether stellen, mit dem sich Vermiether begnügen muß, wenn er gegen ihn keine erheblichen Einwendungen nachzuweisen im Stande ist, worüber natürlich im Streitfalle wiederum richterliches Ermessen entscheidet.

Vor Ablauf der bedungenen Zeit berechtigt endlich den Vermiether zur

---

[52]) Es ist deshalb nicht richtig, wenn Bornemann a. a. O. S. 495 auch in diesem Falle keine freie Handlung des Beamten sieht, weil die Versetzung doch immer von der vorgesetzten Behörde abhänge.

[53]) Anderer Meinung ist Förster (in seinem Priv. R. Bd. 2 S. 198), weil der Miether nicht Urheber sei.

Daß, wie Koch im Kommentar Note 91 zu 376 Thl. I. Tit. 21 behauptet, kein Beamter wider seinen Willen außer zur Disciplinarstrafe oder in Folge organischer Veränderungen in den Stellen versetzt werden könne, ist offenbar unrichtig. Es ist dabei augenscheinlich nur an die Richter gedacht, die allerdings in der Regel unversetzbar sind, während die übrigen Beamten in der Regel versetzbar.

[54]) § 378 Thl. I. Tit. 21 und Entsch. des Ober-Trib. Bd. 23 S. 164. Schon der Gebrauch des Präsens „bei eintretendem Kriege" ergiebt es nicht als nothwendig, daß die Kriegs-Erklärung oder der Beginn des Krieges dem Ausrücken der Truppen vorangegangen sei und in der That bewirkt nicht schon oder erst der Ausbruch des Krieges, sondern die Abberufung der Truppen aus ihrem Garnisonorte auf solche Veranlassung und zu solchem Zweck für Militairpersonen, die den in's Feld rückenden Truppentheilen angehören, diejenige Veränderung der Umstände, welche sie außer Stand setzt, von den gemietheten Localien den bei Abschließung des Vertrages beabsichtigten kontraktlichen Gebrauch zu machen.

Kündigung dem Miether gegenüber dessen unordentliche Zahlung des Zinses.[55])

Es wird zunächst hierbei vorausgesetzt, daß der Vermiether seinerseits den Vertrag erfüllt hat. Denn, war er selbst im Verzuge, so kann er dem Anderen keinen Verzug vorwerfen und Niemand darf die Erfüllung eines Vertrages verlangen oder aus der Nichterfüllung eines Vertrages Seitens eines Anderen Rechte herleiten, wenn er selbst seiner Verbindlichkeit, insofern er damit den Anfang machen mußte, nicht nachgekommen ist.[56])

Es müssen andererseits zwei Zinstermine[57]) rückständig sein und zwar zwei volle,[58]) deren Fälligkeit entweder kraft gesetzlicher Vorschrift vierteljährlich oder vermöge besonderer Vereinbarung in längeren oder kürzeren Fristen eintritt.

Es wird mit gesetzlicher Frist, wenn nicht davon abweichend im Vertrage eine andere stipulirt ist, gekündigt, da keineswegs der Vertrag aufgehoben, sondern nur aufgekündigt d. h. früher beendigt wird, und der Vertrag bis auf die Zulässigkeit der Aufkündigung von beiden Seiten seinem Inhalt gemäß erfüllt werden muß.[59])

Es darf diese Befugniß ausgeübt werden, selbst wenn kontraktlich festgesetzt, daß dem Vermiether nicht zustehen solle, in gewissen Jahren dem Vermiether willkürlich zu kündigen[60]) und wenn für verzögerte Miethszinszahlung eine Conventionalstrafe verabredet worden,[61]) weil letzteren Falls die gesetzliche Bestimmung nicht ein aus der Säumniß entspringendes Interesse

---

[55]) § 298 ibid.

[56]) § 271 Thl. I. Tit. 5 und §§ 22 und 23 Thl. I. Tit. 16 sowie Bornemann a. a. O. S. 470.

[57]) Nach römischem Recht giebt erst ein zweijähriges Ausbleiben des Miethgeldes dem Vermiether die Berechtigung zum Austreiben des Miethers. (Lex 54 § 1 und lex 56 Dig. XIX., 2.) Dagegen beschränken schon mehre Lehrer des gemeinen Rechts die Anwendbarkeit jener Vorschrift und nähern damit sich der Auffassung der Redactoren. (Glück, Erläuter. Bd. 17 S. 383 ff.)

[58]) Striethorst's Archiv Bd. 44 S. 287.

[59]) Koch, Recht der Forderungen Bd. 3 S. 925 und Rescript vom 30. August 1806 (Mathis Bd. 3 S. 473, Rabe Bd. 8 S. 661). Anderer Meinung ist das Ober-Tribunal (in Präj. 1574, Samml. I. S. 124, Entsch. Bd. 31 S. 420, Bd. 34 S. 161 und Striethorst's Archiv Bd. 24 S. 18 Nr. 4), folgend dem Vorschlage des Gesetzrevisors (Pensum XIV. Motive zu Tit. 21 S. 86) de lege ferenda, doch eben übersehend, daß nicht Aufhebung, sondern nur Aufkündigung gestattet wird.

[60]) Rechtsf. Bd. I. S. 155.

[61]) Striethorst's Archiv Bd. 57 S. 24.

des Vermiethers regulirt, sondern vielmehr zu seinem Schutz ihm eine Resolutivbedingung gewährt, welche freilich nicht schon mit dem Eintritt ihrer thatsächlichen Voraussetzung in Wirksamkeit tritt, sondern in ihren rechtlichen Folgen vertragsmäßig von dem Willen des Vermiethers und davon abhängig bleibt, daß dieser seine Absicht, den Vertrag aufzuheben, geltend macht.

Hat nach eingetretenem Verzuge Kündigung stattgefunden, so geht der Vermiether seines Rechts daraus nur durch solche Handlungen verlustig, welche das Rechtsverhältniß thatsächlich fortsetzen.[62])

Schließlich steht noch, auch wenn die kontraktmäßige Zeit noch nicht verstrichen ist, dem Miether einer Wohnung frei, die Miethe aufzukündigen,[63]) wenn der Vermiether ein entgeltliches Aufnehmen eines Anderen in die gemiethete Wohnung, d. h. auch ein theilweises Abtreten des Gebrauchsrechts — gänzliche Uebertragung des Miethsrechts mit oder ohne Gegenleistung ist durchaus verboten, und ohne rechtliche Wirkung[64]) — aus unzureichenden Gründen versagt.

Ein zureichender Grund zur Versagung ist nur ein unehrbares oder ein dem Hause oder der Wohnung schädliches Gewerbe des einzunehmenden Untermiethers.[65])

Es wird daher jedenfalls ein Untermiether abzulehnen sein, der liederliches Gesindel aufnimmt, liederliche Dirnen beherbergt, gewerbsmäßig verbotene Spiele treibt oder mit Verbergung gestohlener oder verbotener Gegenstände sich befaßt.[66])

Gegen den Willen des Vermiethers ist eine Aftervermiethung überhaupt in keinem Falle durchzusetzen und eine Kündigung hier nur statthaft, wenn nicht im Miethsvertrage Untermiethe ausdrücklich ausgeschlossen.[67])

Die Kündigung muß mit der gesetzlichen Frist ausgeübt werden, wenn

---

[62]) Entsch. des Ober-Trib. Bd. 32 S. 365, Striethorst's Archiv Bd. 21 S. 164, Bd. 38 S. 125 und Bd. 45 S. 14. Es wird also auf die Ausübung des bereits erworbenen Kündigungsrechts nur durch Annahme von Vorauszahlung der Miethe, keineswegs durch Annahme späterer Zahlung fälliger Miethe oder etwa durch das bloße Anerbieten einer solchen Seitens des Miethers verzichtet, weil solche Handlungen und die Befugniß zum Rücktritt von dem Vertrage sich nicht ausschließen.

[63]) § 312 Thl. I. Tit. 21.

[64]) §§ 309 und 310 ibid.

[65]) § 311 ibid.

[66]) Bender, Handbuch des Frankfurter Privatrechts S. 419.

[67]) Erk. des Ober-Trib. in Koch's Kommentar Bd. 2 Anmerk. 46 zu § 312 Thl. I. Tit. 21.

nicht der Vertrag eine anders verabredete enthält. Denn, wenn auch hier der Grund zur Kündigung nicht aus einer kontraktlichen Verabredung, sondern aus dem Gesetz entnommen ist, so hat letzteres immerhin nur die Zulässigkeit einer Kündigung angeordnet, während es den übrigen Inhalt des Abkommens nicht berührt.[68])

Sechster Abschnitt.

Sicherungsmittel der beiden Contrahenten.

Der Miether bedarf besonderer Sicherungsmittel nicht. Er ist hinreichend dadurch geschützt, daß ihm erst vorgeleistet werden muß, während er erst nachzuleisten hat. Ihm steht daher wegen Ansprüchen an den Vermiether kein Zurückbehaltungsrecht auf die Sache selbst zu, sondern nur ein solches auf den Zins des letzten Termins,[1]) das er, als Akt der Selbsthülfe, nur gegen den anderen Contrahenten und dessen Erben, nicht aber gegen den Singularsuccessor auszuüben befugt, außer, wenn derselbe mit dem Besitz der Sache zugleich den Vortheil aus einer zum Nutzen der Sache geschehenen Verwendung überkommen würde.[2])

Dagegen befindet sich der Vermiether in der Lage, sich sichern zu müssen, weil ihm nur nachgeleistet wird.

Zu dem Ende gebührt ihm allerdings kein gesetzliches Kautionsrecht, er wird jedoch durch ein gesetzliches Pfandrecht im Verkehrsleben geschützt.

Er hat wegen des Zinses oder anderer aus der Vergangenheit herrührender, sowie erst künftiger und erst erwarteter Forderungen die Rechte eines Pfandgläubigers[3]) auf die von dem Miether eingebrachten und zur Zeit der Endigung des Kontrakts in dem Hause noch vorhandenen Effekten,[4]) d. h. auf alle beweglichen Sachen des Miethers außer dem baaren Geld und dem Kapitals-Vermögen desselben, zu welchem letzteren die auf jeden

---

[68]) Anderer Meinung ist Koch ibid., obwohl ihn seine eigenen Gründe in dem Recht der Forderungen (Bd. 3 S. 926), allerdings gelegentlich eines anderen Falles geäußert, treffend widerlegen.

[1]) § 397 Thl. I. Tit. 21.

[2]) §§ 547 ff. Thl. I. Tit. 20 und Präj. des Ober-Trib. 2222.

[3]) § 395 Thl. I. Tit. 21.

[4]) §§ 13 und 12 Thl. I. Tit. 2; das im § 395 Thl. I. Tit. 21 gebrauchte Wort „Sachen" wird durch den Zusatz „Effecten" näher bestimmt.

Inhaber lautenden Papiere, z. B. Banknoten, Pfandbriefe, Aktien u. s. w., sie mögen Zinsen tragen oder nicht, gleich anderen Schulddokumenten zu rechnen.

Er hat daher nicht nur einen Titel zum Pfandrecht, ein Pfandgewinnungsrecht, das erst durch die Retention ein dingliches wird,[5]) sondern ein wirkliches Pfandrecht eingeräumt, folglich in dem Umfange des wirklichen Pfandrechts mit den darin liegenden Befugnissen des Besitzes und der Aufbewahrung unbedingt beigelegt erhalten, das schon von der Zeit der Einbringung an beginnt und nicht erst mit der körperlichen Besitznahme der einzelnen Stücke entsteht.[6])

Durch die Worte: „die zur Zeit der Beendigung des Kontrakts im Hause noch vorhandenen Sachen" wird die Kraft des Pfandrechts nicht auf den künftigen Fall der Retention beschränkt, sondern nur ausgedrückt, daß das Pfandrecht erlösche, wenn bei Beendigung des Kontrakts die eingebrachten Sachen oder einzelne von ihnen in dem Miethslokale anzutreffen sind.

Diese Auffassung des gedachten, aus dem gemeinen Recht entlehnten gesetzlichen Specialpfandrechts zu theilen, darf umsoweniger Anstand genommen werden, als sie die zur Zeit der Redaction des Landrechts in der gemeinrechtlichen Theorie herrschende gewesen,[7]) mit anderweiten gesetzlichen Vorschriften[8]) conform ist, und die Redactoren eine beabsichtigte Abweichung vom römischen Recht gewiß ausdrücklich hervorgehoben haben würden.

Das einzige Bedenken wäre nur aus dem anscheinend fehlenden, jedoch erforderlichen modus zu entnehmen.

Ein solcher hat aber stets nur den Zweck, das dingliche Recht für Dritte genügend erkennbar zu machen — ein Erforderniß, von dem man ganz ungezwungen annehmen kann, daß es hier durch die Thatsache des Einbringens in des Vermiethers Räume, wodurch das Abhängigkeitsverhältniß

---

[5]) wie Lenz (Studien und Kritiken 1847 S. 115 ff.), Gärtner (bei Gans Beitr. I. 485 ff.), Jacobi (Juristische Wochenschrift pro 1836 S. 239, pro 1840 S. 344 und pro 1843 S. 152) und Korte (Arnsberger Archiv V., 104) dem Wortlaut entgegen ohne zwingende und treffende Gründe und deshalb willkürlich annehmen.

[6]) — eine Ansicht, wie sie auch Bornemann a. a. O., Koch (Kommentar Note 5 zu § 395 Thl. I. Tit. 21. und das Ober-Trib. (Entsch. Bd. 1 S. 28 und Striethorst's Archiv Bd. 7 S. 253) vertritt.

[7]) Lex 4 Dig. in quibus causis pignus vel hypotheca tacite contrahitur (XX., 2), Hellfeld jurispr. for. § 1097; von Holzschuher, Theorie und Casuistik des Civilrechts Bd. 2 S. 774 bis 777.

[8]) § 382a Thl. I. Tit. 50 der allgemeinen Gerichts-Ordnung.

Niemandem mehr verborgen bleiben kann und der Vermiether eine dem wirklichen Besitz sehr ähnliche Gewere, die faktische Möglichkeit, Retention auszuüben, erlangt hat,[9]) seine Erfüllung gefunden.

Es ist mit Abschluß des Miethsvertrages und mit der Thatsache der Einbringung der Sachen erworben, jedem Dritten gegenüber wirksam und daher schon dann vorhanden, wenn dem Vermiether noch keine fällige Forderung aus dem Miethsvertrage zusteht.[10])

Es ist nicht allein bei Endigung des Miethsverhältnisses und nach Ablauf der Vertragszeit, sondern zu jeder Zeit schon während desselben wegen fälliger Forderungen geltend zu machen.[11])

Es geht schon während der Miethszeit durch eine Veräußerung solcher Sachen Seitens des Miethers nicht verloren, selbst wenn der Vermiether die Veräußerung gewußt, erfahren und ihr nicht widersprochen hätte. Es hindert dritte Erwerber der Sache an deren Fortschaffung[12]) aus der Behausung und der Gewahrsam des Miethers. Es wird durch eine gewaltsame oder heimliche oder überhaupt wider den Willen des Vermiethers vollzogene Entfernung der Sachen nicht aufgehoben[13]) und geht erst verloren durch Nichtausübung der Retention, d. h. wenn der Vermiether die Fortschaffung der Sachen aus der vermietheten Wohnung entweder ausdrücklich oder stillschweigend gestattet resp. zuläßt.[14]) So lange es besteht, darf der Vermiether gleich jedem anderen Pfandgläubiger das ihm wider Willen entzogene Pfand von einem Jeden zurückfordern.[15])

Es erstreckt sich, zwar nicht selbstständig abtretungsfähig, doch ohne besondere Cession auf den Singularsuccessor übergehend, nur auf solche Effekten, welche dem Miether selbst gehören,[16]) oder, welche derselbe z. B. als Ehe-

---

[9]) Bornemann a. a. O. S. 502.

[10]) Präj. des Ober-Trib. (Samml. S. 127).

[11]) Präj. des Ober-Trib. 885 (Entsch. Bd. 6 S. 92).

[12]) Entsch. des Ober-Trib. Bd. 1 S. 30.

[13]) Entsch. des Ober-Trib. Bd. 19 S. 288 Präj. 401 (Samml. I., S. 127) Striethorst's Archiv Bd. 6 S. 43, Bd. 11 S. 81, Bd. 15 S. 303.

Unternimmt es der Miether, die vom Vermiether als Gegenstände seiner Sicherheit retinirten Stücke von Effecten gewaltsam aus dem Hause fortzuschaffen, so hat er sogar Gefängnißstrafe verwirkt. § 271 des Strafgesetzbuches vom 14. April 1851.

[14]) während das gemeine Recht auch nach der Fortschaffung die Pfandklage gegen Dritte giebt.

[15]) Präj. des Ober-Trib. (Entsch. Bd. 9 S. 288).

[16]) Declaration über Anwendung des § 395 Thl. I. Tit. 21 vom 21. Juli 1846 (Ges.-Samml. S. 326), wodurch ein erheblicher und lebhaft geführter Meinungs-

mann[17]) oder als Untermiether[18]) ohne Einwilligung des Eigenthümers zu verpfänden befugt ist.

Es ruht deshalb ebenso auf den in die Ehe gebrachten Sachen der Ehefrau,[19]) die sich in der Wohnung des Ehemannes befinden, wie auf den Sachen des Untermiethers, der mit Bewilligung des Hauptvermiethers eingenommen ist, soweit die Forderung des Untermiethers reicht.

Dem Pfandrecht unterliegen alle jene körperlichen Sachen auch nur insoweit sie als eingebracht zu betrachten.

Eingebracht sind Sachen, wenn sie dazu bestimmt sind, in der Wohnung zu verbleiben und dort sich befinden.[20])

Hierzu gehören also nicht Gegenstände, die der Miether und seine Familienglieder an ihrer Person brauchen, wie Schmuck, Geschmeide, Kleider und Wäsche; ebenso nicht solche, welche der Miether nur in die Localitäten eingeführt hat, um sie, wie Waarenlager, wieder weiter zu veräußern und ebenso nicht Schulddocumente, da sie einmal nicht zu den Effekten gehören, dann aber auch nur zum Beweise von Forderungen dienen, die selbst aber nicht eingebracht sind.[21])

Es erfaßt andererseits jenes Pfandrecht selbst solche Sachen, welche sonst von der Exekution, wie das nöthige Bettwerk, das Werkzeug der Professionisten

---

streit (conf. Bornemann a. a. O. S. 503 ff.) im Interesse der Rechtssicherheit endlich entschieden ist. Die juristisch-technische Bedeutung des Begriffs: „einbringen," der (conf. Thl. II. Tit. 1 Abschn. 5) das Eigenthum des Einbringenden an der eingebrachten Sache voraussetzt, sprach schon vorher für diese Auffassung.

[17]) § 247 Thl. II. Tit. 1 und Rechtsf. Bd. 2 S. 125.

[18]) § 74 Thl. I. Tit. 20, Koch's Kommentar Note 12 zu § 395 des Tit. und Förster's Priv. R. Bd. 2 S. 210.

[19]) Dagegen erstreckt es sich nicht auf die vorbehaltenen Sachen der Ehefrau, weil aus dem im Falle der Veräußerung Seitens des Mannes der Ehefrau gegebenen Vindicationsrecht (§ 250 Thl. II. Tit. 1) hervorgeht, daß der Mann zur Veräußerung nicht befugt gewesen. Conf. Förster a. a. O. S. 212. Anderer Meinung ist das Ober-Tribunal (Striethorst's Archiv Bd. 19 S. 94) ohne Angabe von anderen Gründen, als der ganz unzutreffenden Bezugnahme auf § 250 Thl. II. Tit. 1.

[20]) was das römische Recht mit den Worten: „ut ibi sint" (lex 32 Dig. 20, 1 und lex 7 § 1 Dig. 20, 2) bezeichnet, wie auch Koch (Kommentar Note 9 zu § 395 Thl. I. Tit. 21) und Förster (Priv. R. Bd. 2 S. 211) annimmt. Deshalb sind Inhaberpapiere, sowie baares Geld und gemünztes Papier principiell und von vornherein ausgenommen, weil dergleichen in der Regel nicht die Bestimmung in sich trägt, behalten zu werden, vielmehr zum Wiederausgeben vorhanden ist. § 395 Thl. I. Tit. 21 und §§ 12 und 13 Thl. I. Tit. 2.

[21]) Es widerspricht Bielitz im Kommentar Bd. 4 S. 564 und 565.

und Künstler, das Mobiliare der Officiere und einzelne Vermögensstücke der Civilbeamten gesetzlich ausgenommen sind,[22]) da unbezweifelt sämmtliche dergleichen Gegenstände zur ausdrücklichen Verpfändung tauglich und dasjenige, was zum Faustpfand gegeben werden kann, auch als dem Pfandrecht des Vermiethers unterworfen angesehen werden muß, weil Illation eben eine stillschweigende Verpfändung ist.[23])

Alle diese zur Zeit der Ausübung des Pfandrechts vorhandenen Effekten sind dem Pfandrecht unterworfen, selbst wenn sie von dem Miether veräußert, doch noch nicht übergeben sind.[24])

Wie der Vermiether berechtigt ist, gegen Wegschaffung der Sachen Seitens des Miethers einzuschreiten, so darf er, wenn auf Andringen eines Gläubigers dem Miether Sachen abgepfändet werden, der Exekutionsvollstreckung zwar nicht widersprechen, jedoch insofern seine Sicherheit dadurch geschmälert wird, interveniendo aus den Pfandstücken selbst wegen noch nicht fälliger Forderungen seine vorzugsweise Befriedigung verlangen und gegen den Extrahenten sein besseres Recht ausführen,[25]) weil er als Pfandgläubiger dem Personalgläubiger (die inferirte Sache konnte noch nicht verpfändet sein) vorgeht und dieser nur dasselbe Recht hat, als der verpfändende beiderseitige Schuldner, wider den einfach retinirt wird.

Siebenter Abschnitt.

Materielle Klagerechte.

a) Des Vermiethers.

Das Band zwischen dem Vermiether und Miether ist lediglich das des Vertrages. Dieser erzeugt für den ersteren, welchem selbstständige Pflichten obliegen, eine selbstständige directe Klage, welche während der Vertragszeit eben nur eine rein persönliche ist.

Da nach der Natur und dem Wesen des Geschäfts Vermiether vor-

---

[22]) § 71 und §§ 95 ff. Thl. I. Tit. 24 A. G. O., sowie §§ 155 und 156 des Anh. dazu und Verordnung vom 13. October 1843 (Ges.-Samml. S. 336).

[23]) Diese Meinung ist schon in § 302 des Anh. zur A. G. O. anerkannt.

[24]) Entsch. des Ober-Trib. Bd. 1 S. 30.

[25]) § 376 und § 33 der Konkurs-Ordnung vom 8. Mai 1855 und Entsch. des Ober-Trib. Bd. 42 S. 176 mit der älteren Praxis desselben (Striethorst's Archiv Bd. 6 S. 43) übereinstimmend.

leisten muß, wogegen der Miether erst für die Vorleistung zur Gegenleistung gehalten ist, so darf der Vermiether regelmäßig sein Klagerecht nur dann gebrauchen, wenn er darzuthun vermag, daß er von seiner Seite dem Abkommen Genüge geleistet[1]) hat.

Ist dies nicht geschehen, so lehnt der belangte Miether den Anspruch schon durch einfache Verneinung ab. Es genügt also nicht einmal ein Erbieten zur Erfüllung Zug um Zug selbst dann nicht, wenn Zahlung des Zinses praenumerando versprochen, weil auch hier die Zinsschuld die Nachleistung bleibt, der die Uebergabe der Sache Seitens des Vermiethers zum Gebrauch voranzugehen hat.

Mit dieser Geschäftsklage (actio locati),[2]) die auf den Erben und den Nachfolger im Besitz ohne Weiteres übergeht, begehrt der Vermiether, sei er Eigenthümer oder nur ein dinglich Berechtigter oder gar selbst Miether[3]) von dem Miether oder dessen Erben[4])

1. Entrichtung des Miethzinses mit Verzugszinsen;[5])

2. Erstattung des Schadens, den der Miether vorsätzlich oder aus grobem oder mäßigem Versehen und, wenn er die Sache zu einem anderen Behufe, als wozu sie ihm überlassen worden, verwendet, sogar aus einem geringen Versehen an der Sache verursacht hat.[6])

Mit ihr beansprucht er[7])

3. die Rückgewähr der vermietheten Sache nach Ablauf der Vertragszeit oder der vereinbarten resp. gesetzlichen Kündigungsfrist, sobald Miether die Rückgabe verweigert oder verzögert, und endlich

4. (als rescissoria) die Wiederaufhebung des Vertrages sowie Entsetzung des Miethers aus dem Besitz, wenn er aus gesetzlichen Gründen zum sofortigen Rücktritt von dem Vertrage innerhalb der Vertragsdauer oder

---

[1]) § 271 Thl. I. Tit. 5.

[2]) Vergl. Koch's Prozeßpraxis Thl. I. S. 964 ff., Förster's Klage und Einrede S. 454 und Förster's Priv. R. Bd. 2 S. 203.

[3]) Der Nachweis des Rechts des Klägers an der Sache gehört mithin nicht zur Erbringung der Sachlegitimation. Conf. Entsch. des Ober-Trib. Bd. 8 S. 296 u. 298.

[4]) nicht aber von einem Dritten, der nicht mitcontrahirt hat.

[5]) §§ 258 und 297 Thl. I. Tit. 21.

[6]) §§ 278 und 279 ibid.

[7]) im Falle der Adjudication nach nothwendiger Subhastation im Wege der Exekution oder auf Antrag des Massenverwalters im Konkurse allerdings nicht der Vermiether, welcher seinerseits gebunden bleibt, sondern nur der Adjudicatar, dessen Erbe und der Singularsuccessor, wenn auctor bereits gekündigt hatte. Striethorst's Archiv Bd. 21 S. 198.

einseitigen Aufruf mit Kündigung berechtigt wird, wodurch er zugleich das Recht des Miethers als unvollständigen Besitzers beseitigt, der sodann dem Angriff des Vermiethers gegenüber weichen muß.

In ersterer Beziehung gehört zur Begründung nur der Nachweis des Vertragsinhalts und der Uebergabe zum Gebrauch; in zweiter die mit Beweismitteln unterstützte Behauptung von Thatumständen, aus denen der zur Last gelegte Grad der Verschuldung zu entnehmen ist, während im Falle des Mißbrauchs nur die Thatsache zu erweisen, wogegen dem verklagten Miether nur der Nachweis des Zufalls übrig bleibt; in dritter und vierter Beziehung genügt zur Begründung außer dem Nachweise des Kontrakts der einer Beendigungsart resp. des Rücktritts oder Aufrufsrechts.

Nach der Vertragszeit gewinnt die Aufhebungsklage sogar den dinglichen Charakter, weil von da ab Miether nicht mehr unvollständiger Besitzer, sondern nur Inhaber und Verwalter einer fremden Sache ist, der immer demjenigen nachsteht, in dessen Namen er innehat, was petitorisch mit der dem dinglichen Recht des Vermiethers zur Seite stehenden Klage oder possessorisch mit der Besitzklage durchzusetzen, in letzterer Weise jedoch leichter zu erreichen ist, da hier nur zu erweisen, daß der Besitz des Miethers von dem klagenden Miether abgeleitet sei, dieses Besitzrecht aufgehört habe und der Verklagte resp. Miether also nur widerrechtlich die Gewahrsam behalte, während anderenfalls der klagende Vermiether sein dingliches Recht an der angesprochenen Sache darzuthun hätte, — ein Beweis, der bei der dem Eigenthümer zustehenden Vindication bekanntlich geradezu diabolisch ist.

Der in Anspruch genommene Miether hat andererseits gegen jene persönliche Klage zunächst die erwähnte Verneinung des thatsächlichen Klagegrundes (häufig in einer nach heutigem Prozeßrecht unpassenden Weise negative Litiscontestation genannt).

Außerdem hat er zu seiner Vertheidigung noch besondere Schutzmittel, insonderheit gegen die Zinsklage, wenn er die Erfüllung des Vertrages durch Uebernahme der Sache angenommen, außer dem Einwande der Compensation wegen Gegenforderungen und dem Einwande der Zurückhaltung des letzten Zinstermines wegen Verwendungen,[8]) sowie dem Einwande des beendigten Kontrakts,[9]) die Einrede nicht gehöriger Erfüllung (exceptio non rite impleti contractus), welche von ihm in der geeigneten Substantiirung zu

---

[8]) § 397 Thl. I. Tit. 21.

[9]) z. B. in den Fällen der §§ 371 und 373, sowie des § 334 ibid.

erweisen ist[10]) und namentlich zur Anwendung gelangt, wenn durch einen vom Gesetz als erheblich erklärten Zeitraum der Gebrauch entzogen gewesen oder der Miether wegen eingetretener Unbrauchbarkeit die gemiethete Sache hat verlassen müssen.

Gegen die Klage auf Rückgewähr gebührt ihm noch der Einwand, daß er Eigenthümer der Sache sei, was indeß nur erheblich, wenn das Eigenthum erst nach Eingehung der Miethe erworben worden und das Recht des Vermiethers an der Sache erloschen ist.

Wegen der verschiedenen Bedingungen der Entsetzungs- oder Exmissionsklage und der dagegen möglichen Einwendungen ist, um Wiederholungen zu vermeiden, lediglich auf Abschnitt V. sub c zu verweisen.

Eine vollständig erschöpfende Casuistik gehört in den Bereich der Unmöglichkeit.

b) Des Miethers.

Der Miether hingegen fordert mit seiner Geschäftsklage (actio conducti),[11]) welche in der Regel nur auf den Erben übergeht, von dem Vermiether und ebenso dessen Erben unter dem Beweise des erfolgten Vertrags-Abschlusses und derjenigen Handlungen und Unterlassungen des Vermiethers, welche der kontraktlichen Verbindlichkeit desselben entgegen sind,[12]) Uebergabe der gemietheten Sache nebst Zubehör in brauchbarem Zustand, Schadloshaltung wegen verspäteter oder unterbliebener Uebergabe, Instandsetzung der mangelhaft gewordenen Sache, Gewährleistung für den fortgesetzten Gebrauch resp. Entschädigung wegen Entziehung der Nichtgewährung des Gebrauchs, Erstattung der Kosten, die er gehabt, um die Sache in brauchbaren Zustand zu versetzen oder der Verwendungen, welcher zur Erhaltung der Substanz nothwendig oder nützlich gewesen, sowie Ersatz der Auslagen für solche Lasten und Abgaben, die er nicht zu tragen verbunden gewesen und dennoch vorgeschossen hat.

Nur in einem Falle darf auch der Singularsuccessor klagen, wenn nämlich der Miether einzelne Forderungen, welche ihm aus dem kontraktwidrigen Verhalten des Vermiethers an diesen entstanden, als selbstständige

---

[10]) Striethorst's Archiv Bd. 21 S. 200 Nr. 53.

[11]) Vergl. Koch's Prozeßpraxis Thl. I. S. 960 ff.; Förster's Klage und Einrede S. 455 ff. und Förster's Priv. R. Bd. 2 S. 206.

[12]) §§ 270, 272, 273, 355, 360, 364 und 365 Thl. I. Tit. 21.

Forderungen cedirt hat, wobei freilich die Einwendungen gegen den Grund der Forderungen dem verklagten Vermiether unbenommen sind und nur in einem Falle ist der Singularsuccessor des Vermiethers der allein passiv zur Sache Legitimirte, nämlich hinsichtlich der Ansprüche, welche erst nach dieser Besitzveränderung entstehen[13]) oder besonders übertragen sind.[14])

Mit jener Klage verlangt der Miether und seine Erben von dem Vermiether, dessen Erben oder Besitznachfolgern unter dem Nachweise des Kontrakts und einer Beendigungsart resp. eines Rücktritts oder Aufrufsrechts die Aufhebung des Vertrages, wenn er aus gesetzlichem Grunde zum sofortigen Rücktritt von dem Vertrage innerhalb der Vertragsdauer oder einseitigen Aufrufe mit Kündigung berechtigt wird.

Mit ihr endlich beansprucht der Miether resp. sein Erbe und Cessionar von dem Vermiether, dessen Erben oder Besitznachfolgern unter dem Nachweise des Miethskontrakts und dessen Beendigung, sowie unter der mit Beweismitteln versehenen Behauptung, daß Vermiether an seinem Verbleiben und an Zurückhaltung der eingebrachten Sachen kein gerechtfertigtes Interesse habe, er (Miether) aber an der Forträumung dennoch gehindert werde, Verabfolgung der retinirten Sachen und Erstattung des durch die Störung des Auszuges verursachten Schadens.

Sie ist, wie aus ihren mannigfaltigen Anwendungen hervorgeht, nach verschiedenen Richtungen hin verschieden zu substantiiren.

Wegen ihrer speciellen Voraussetzungen und der dagegen zulässigen Einreden muß, um auch hier Wiederholungen zu vermeiden, auf die in Abschnitt IV. und V. erörterten Grundlagen verwiesen werden.

Außerdem aber hat der Miether, sobald sein Recht in das Hypothekenbuch eingetragen, oder die Uebergabe der Sache an ihn erfolgt ist, gegen Dritte auch ein dingliches Klagerecht, weil nach der dem älteren deutschen Recht entlehnten Besitztheorie des allgemeinen Landrechts, soweit sich jemand im Besitz der zu gebrauchenden Sache befindet, seine Befugniß die Eigenschaft eines dinglichen Rechts hat[15]) und der Miether unvollständiger Besitzer ist, dem ein Recht des **Besitzes** beiwohnt, welcher zwar meist nur als das äußere Kennzeichen der Existenz eines anderen Rechtsverhältnisses erscheint,

---

[13]) Striethorst's Archiv Bd. 25 S. 28.

[14]) Entsch. des Ober-Trib. Bd. 30 S. 446 und Bd. 39 S. 158.

[15]) § 2 Thl. I. Tit. 21.

allein auch an sich schon einen Selbstzweck und selbstständige Rechtswirkungen hat, denen zufolge er ebenso wie andere Rechte geschützt werden muß.[16])

Hiernach hat der Miether auch gegen Dritte dingliche Klagen[17]) und zwar um eine Verletzung desjenigen Rechts zu beseitigen, welches die Grundlage des Besitzstandes — des Rechts zum Besitze — bildet, eine petitorische Klage (actio confessoria) und um eine Verletzung des Besitzstandes an sich zu beseitigen zwei possessorische Rechtsmittel,[18]) eine Klage wegen Besitzstörung[19]) (als das römische interdictum uti possidetis), wenn das factische Verhältniß des Besitzstandes nur partiell durch bloße Beunruhigung oder theilweise Hinderung in der Ausübung beeinträchtigt wird und eine Klage wegen Besitzentsetzung[20]) (als das entsprechende interdictum recuperandae possessionis), wenn durch den Eingriff des Dritten eine gänzliche Aufhebung des Verhältnisses herbeigeführt worden ist und eine Wiedereinweisung in den Besitz der Sache begehrt wird, — immer natürlich vorausgesetzt, daß sich der Miether unmittelbar vorher im ruhigen Besitz befunden[21]) und daß er hierin neuerlich[22]) durch einen eigenmächtigen, unbefugten, thätigen Eingriff verletzt worden ist.[23])

---

[16]) Förster's Klage und Einrede. S. 20.

[17]) Solche Klagen sind dem Miether nach gemeinem Recht versagt.

[18]) Im römischen Recht wurden dieselben dem Miether nicht zugestanden, der nur seinen Vermiether mit der Vertragsklage anhalten durfte, die Besitzverletzung zu verfolgen, da die locatio conductio kein dingliches Recht dem conductor übertrug, er mochte das Miethsobjekt übergeben erhalten haben oder nicht und es daher bei der obligatio, die zwischen dem locator und ihm bestand, sein Bewenden hatte, während nach preußischem Recht im Sinne des deutschen durch eine solche Verletzung der Miether nicht als in seinem obligatorischen Verhältniß zum Vermiether, sondern als in seiner thatsächlichen Herrschaft über die Sache, in seiner Besitzruhe, beeinträchtigt angesehen und daher in der ihm gebührenden factischen Ordnung geschützt wird.

[19]) §§ 150 bis 153 Thl. I. Tit. 7 und Koch's Lehre vom Besitz S. 30.

[20]) §§ 146 bis 149 Thl. I. Tit. 7.

[21]) § 154 Thl. I. Tit. 7.

[22]) § 1 Thl. I. Tit. 31 A. G. O.

[23]) Striethorst's Archiv Bd. 1 S. 347, Bd. 9 S. 219 und Bd. 12 S. 164.

Sachregister.

(Die Zahlen beziehen sich auf die Seiten.)

Abgaben, Tragung derselben 15.
Abtreten der Rechte des Miethers 22.
Abschluß des Miethsvertrages 7.
actio conducti 44.
actio locati 41.
Aftervermiethung, a. Form der Einwilligung zur 23; b. Rechte und Pflichten daraus 22; c. versagte, theilweise, als Grund zur Kündigung 36.
arrha poenitentialis u. confirmatoria 9.
Aufkündigung des Miethsvertrages, a. Form derselben 27; b. Fristen bei derselben 26; c. „gehörige" 27; d. gemeinschaftlich Berechtigte zur 27; e. Gründe zu derselben innerhalb der Vertragszeit 28; f. Wesen derselben 26; g. Widerspruch gegen dieselbe 27.
Ausgaben des Miethers zur Instandsetzung der Miethssache 14.
Auslagen desselben zur Verbesserung der Sache 15.

Beamte, deren Kündigungsrecht bei Versetzungen 32.
Bequemlichkeiten, ob Vermiether sie zu gewähren 11.
Berlin, Einquartierungswesen in 15.
Beschädigungen, Vertretungspflicht des Miethers für 21.
Besitz, unvollständiger des Miethers 3.
Besitzklage des Miethers 45.
Besitznachfolger des Vermiethers, dessen Rechte und Pflichten 16.
Besitzstörung des Miethers 46.
Brauchbarer Zustand des Miethsobjekts 12.

Cession der Rechte des Miethers 22.
Cession der Rechte des Vermiethees 18.
Collision des Miethsrechts mit anderen Rechten 3.
Concurs, Einfluß auf die Miethe 30, 32.
culpa des Miethers 21.
culpa des Vermiethers 14.
Dingliche Rechte des Miethers 3.
Documente, ob Vermiether ein Pfandrecht daran 40.
Draufgeld, siehe arrha.

Effecten, Begriff 37.
Effecten, Pfandrecht des Vermiethers an denselben 37.
Ehefrau als Mitmietherin 32.
Einquartierungslast 15.
Endigung der Miethe, a. mit Ablauf der bestimmten Zeit 24; b. nach vorheriger Aufkündigung 26; c. Fälle, in denen ein Rücktritt oder die Aufkündigung innerhalb der Contractszeit stattfindet 28.
Entrichtung des Miethszinses 19.
Erfüllung, verweigerte, Grund zur Kündigung 30.
Erlaß des Miethszinses 20.
Erlöschen der Rechte des Vermiethers, Folgen 30.
Exmission des Miethers 42.

Form der Einwilligung zur Aufnahme eines Aftermiethers 23.
Form der Aufkündigung 27.
Form des Miethsvertragsabschlusses, a. Nothwendigkeit der Schriftform für Eingehung und Auflösung 7; b. Empfehlung der Schriftform 8; c. Unterlassung der schriftlichen Fixirung 7, 8.
Form der Miethsvertragsverlängerung 9.

Gebrauch, Begriff 11.
Gebrauch, Art desselb. bei der Miethe 11.
Gewährleistung des Vermiethers 13.
Gegenstand der Sachenmiethe 4.

Haftung des Vermiethers für unvorsichtige Miether 16.
Hagelschlag, Schaden durch 13.
Handwerkszeug, Pfandrecht des Vermiethers daran 40.
Heuer geht vor Kauf 17.

Juwelen und Kleinodien, ob Gegenstand des Pfandrechts des Vermiethers 40.

Kauf bricht Miethe 17.
Kündigung der Miethe, siehe Aufkündigung.

laesio enormis 6.
Lasten, Tragung derselben 15.

Mangel der Erfüllung, Grund zur Kündigung 30.
Meliorationen des Miethers 21.
Miethsvertrag, a. Abschluß 7; b. Form desselben 7; c. Pflichten des Miethers daraus 11; d. Pflichten des Vermiethers daraus 19.
Miethszins, a. Befreiung von Zahlung desselben 20; b. wie zu bestimmen 5; c. wo zu zahlen 19; d. Zahlung desselben als Nachleistung 12.
Militairpersonen, deren Kündigungsrecht bei Mobilmachungen 34.
Mißbrauch des Miethsobjekts 20, 29.
Mobilmachung, Kündigung wegen 34.

Nothwendiger Hauptbau, Rücktritt wegen desselben 29.
Nothwendige Veräußerung, Aufkündigung wegen derselben 30.
Nutzungen bei der Pacht 2.
Nutzungsrechte, vollständige, eingeschränkte 1.

Ort der Miethzinszahlung 19.

Pacht, Verschiedenheit von der Miethe 2.
Papier, gemünztes gilt nicht als eingebracht 40.
Persönliches Recht des Miethers 3.
Pertinenzstücke des Miethsobjekts, von der Miethe ergriffen 12.
Pfandrecht, gesetzliches des Vermiethers 37.
Possessorienklagen des Miethers 46.

relocatio 9.
Remission des Miethszinses 20.
Reparatur, nothwendige, Endigung des Vertrags wegen 29.
Reparatur, Verpflichtung des Vermiethers zu derselben 13.
Retentionsrecht des Miethers am Miethzins 37.
Rückgewähr nach geendeter Miethe 21.
Rückstand des Zinses für zwei Termine als Exmissionsgrund 35.
Rücktritt des Miethers wegen freiwilliger Veräußerung der gemietheten Sache 28.
Rücktritt desselben wegen ihrer Unbrauchbarkeit 28.
Rücktritt beider Theile wegen durchgreifender nothwendiger Reparatur der Sache 29.
Rücktritt den Vermiethers wegen Mißbrauchs der gemietheten Sache Seitens des Miethers und eigenmächtig eingenommenen Untermiethers 29, 36.

Sachenmiethe, a. Begriff 1; b. im Vergleich zur Leihe und Pacht 2; c. Aehnlichkeit mit dem Kaufe 3.
Stillschweigende Verlängerung des Miethsvertrages 9.
Schmuck und Geschmeide ist nicht dem Vermiether verpfändet 40.
Studirende, Endigung der Miethe bei denselben 25.
Subhastation, Ende des Miethsverhältnisses durch 30.

Termine der Aufkündigung 26.
Termine der Miethszinszahlung 20.
Tod des Miethers als Grund zur Kündigung 31.

Uebergabe der gemietheten Sache 3.
Uebertragung der Rechte aus dem Miethsverhältnisse siehe Cession.
Untervermiether und Miether siehe Aftervermiethung.
Unverbrauchbare Sachen 4.

Veränderung der Umstände, unfreiwillige des Miethers als Grund der Kündigung 32.
Veräußerung des Miethsobjekts als Grund der Kündigung 28.
Verbesserungen durch den Miether 15.
Verbrauchbare Sachen 4.
Verlängerung des Miethsvertrages 9.
Verletzung über die Hälfte 6.
Verschlimmerungen durch den Miether 21.
Versehen siehe culpa.
Verstärkungsmittel des Miethsvertrages 9.

Waaren gelten nicht als eingebracht 40.

Zins, Mieths-, a. Begriff desselben 5; b. Entrichtung desselben 19; c. Erlaß desselben 20; d. Retentionsrecht des Miethers an demselben 37; e. Zahlungstermin 20; f. unordentliche Zahlung als Grund zur Kündigung 35.
Zuschlag, Wirkungen desselben auf das Miethsverhältniß 17.

Verlag von J. Guttentag (A. Guttentag) in Berlin.

Wilhelm Gronau's Buchdruckerei in Berlin.

FSC
www.fsc.org
MIX
Papier | Fördert
gute Waldnutzung
FSC® C083411

Kolibri 360 GmbH
Ferdinand-Jühlke-Straße 7
99095 Erfurt, Deutschland
produktsicherheit@kolibri360.de